한살림
요리

우리 땅 친환경
제철 먹을거리로 만드는

한살림
요리

채송미 지음
김재이 사진

한살림

차례

추천사 10
책을 펴내며 12
요리 전 먼저 알아 두어요 14
한살림 요리, 이렇게 만들었습니다 19

제철 먹을거리로 건강하게 제철밥상

봄

봄에 나오는 한살림 먹을거리	22
곤드레나물밥과 달래장	24
봄나물비빔밥	25
봄나물김밥	26
시금치바지락국	28
냉이바지락볶음	29
주꾸미불고기	30
마늘종새우볶음	32
시금치호두나물	33
취나물소고기샐러드	34
잎마늘콩가루찜	35
우럭찜	36
봄채소튀김	37
냉이오징어볼	38
쇠미역초무침	39
꼬시래기무침	40
바지락무침	41
쑥전병	42
쑥버무리	43

여름

여름에 나오는 한살림 먹을거리	44
저연견과류쌈장과 숙쌈	46
가지냉국	47
오징어감잣국	48
오이감정	49
오징어두루치기	50
부추잡채	51
오이잡채	52
오이갑장과	53
양파오징어샐러드	54
감자꽈리고추조림	55
단호박간장조림	56
마늘조림	57
통마늘오븐구이	58
가지말이	59
양파부추김치	60
고추된장무침	62
단호박스프	63
토마토냉스프	64
포도젤리	65
블루베리연두부스무디	66
수박과일화채	68

가을

가을에 나오는 한살림 먹을거리	70
녹미연근밥	72
버섯밥	74
톳밥	75
버섯전골	76
마른새우아욱국	78
아욱된장수제비	79
수수샐러드	80
단감샐러드	81
꽁치우거지조림	82
가자미조림	83
전어구이	84
야콘물김치	86
단감고추장장아찌	87
배양파깍두기	88
배생채	89
사과또띠아피자	90

겨울

겨울에 나오는 한살림 먹을거리	92
뿌리채소영양밥	94
굴무밥	95
굴국밥	96
얼큰소고기뭇국	97
들깨시래깃국	98
맑은대구탕	99
바지락배추전골	100
구운뿌리채소샐러드	102
연근토란조림	103
우엉당근조림	104
소고기우엉말이	105
콩나물코다리찜	106
문어미역초무침	108
배추전	109
연근감자전	110
고구마찹쌀전	111
팥양갱	112

언제나 맛있게
사철밥상

양파덮밥	114
마늘볶음밥	115
볶음밥쌈양상추쌈	116
시금치리소토	117
녹차밥	118
녹차완자탕	119
김치콩나물국	120
꼬치어묵국	122
두부황태전골	124
순두부찌개	126
명란젓국조치	128
어묵조림	130
반마른오징어조림	131
브로콜리참깨두부무침	132
청포묵무침	133
파상추무침	134
미역자반	136
양상추채소샐러드	137
양파소스연두부	138

든든하게
고기요리

소고기샤브샤브	143
소고기등심찹스테이크	144
차돌박이숙주볶음	145
소고기배구이	146
미트로프	147
돼지갈비찜	148
삼겹살채소찜	149
족발냉채	150
매실소스찹쌀탕수육	151
참다래소스를 얹은 닭가슴살구이	152
닭봉양념튀김	153
닭찜	154
훈제오리오븐구이	155
청경채훈제오리볶음	156

입맛 돋우는
별미요리

충무김밥	158
참다래샐러드초밥	159
참다래그린샐러드	160
양배주롤	161
잣콩국수	162
바지락칼국수	164
소고기쌀국수	165
순두부국수	166
비빔국수	167
하얀짬뽕	168
명란젓스파게티	169
깻잎페스토파스타	170
콩죽	172
잣죽	173
대추죽	174
바지락죽	175
게살스프	176
토마토소스감자뇨끼	177
메밀전병	178
감자전	179
해물파전	180

누구나 좋아하는
영양간식

양배추샌드위치	182
루꼴라샌드위치	184
감자오믈렛	186
감자뭉생이	187
웨지감자	188
당근맛탕	189
떡국떡맛탕	190
양파링	191
동그랑땡롤스틱	192
참다래잼	193
알로에스무디	194

특별한 날
일품요리

떡만둣국	**196**
찐만두	**197**
오곡밥	**198**
보름나물	**200**
약식	**202**
부럼또띠아칩	**203**
초계막국수	**204**
깻잎전	**205**
산적	**206**
모둠전김치찜	**208**
삼각주먹밥	**209**
김밥	**210**
삼색주먹밥+식빵말이	**212**
아코디언샌드위치+또띠아랩	**214**
모둠꼬치구이	**216**
파닭꼬치구이	**218**
오징어통구이	**219**

건강한 요리를 만드는
한살림 물품

한살림 양념	**220**
한살림 조리도구	**230**

요리 찾기	**232**

내 몸과 지구에
이로운 먹을거리

생명이 살아 있는
건강한 요리

추 천 사

하루하루 밥상을
고민하는 이들에게

"오늘은 뭘 해 먹지?"

"색다른 것 뭐 없을까?"

끼니때마다 고심하지만, 결국 가족들 입맛에 맞춘 익숙한 밥상을 차리는 게 우리네 일상일 것입니다. 문득 나에게 익숙한 밥상은 무엇일까 생각해 봅니다. 끼니마다 집밥으로 챙겨 주던 엄마의 음식이 내 입맛을 만든 원천이어서인지, 나도 요리하는 게 싫지 않고 자연스레 그 맛을 기억하며 요리하곤 합니다.

엄마의 음식에서 가장 먼저 생각나는 건 인공적으로 가미하지 않은 '천연의 맛'입니다. 식재료를 다양하게 이용해서 맛을 내던 게 식당 음식과는 아주 달랐지요. 또한 여러 식구들이 배불리 먹을 수 있게 제철의 가장 흔한 재료로 손수 만들어 주셨는데, 지금 생각해 보면 그것이 가장 신선하고 맛있는 재료였습니다.

한살림소비자생활협동조합 조합원이 되고 나서 금세 한살림에 푹 빠진 것도 한살림 물품으로 음식을 만들면 엄마가 만들어 주시던 그 맛이 느껴졌기 때문이었습니다. 한살림 물품만으로 요리하는 게 요리 초보자에게는 쉽지 않은 일입니다. 인공 식품 첨가물이 대부분 빠져 있기 때문에 시중의 식재료와는 맛이 사뭇 다르게 느껴져 그 맛에 익숙해지려면 시간이 걸리기도 합니다. 하지만 그렇기 때문에 엄마의 손맛을 대신하기에 충분할 만큼 정성과 사랑을 느낄 수 있습니다.

엄마의 손맛은 우리 가족만이 아니라 집으로 찾아오는 이웃과 손님에게도 그리운 솜씨였습니다. 그런데 이 손맛은 타고난다기보다 정성과 사랑으로 요리하면서 만들어지는 것 아닐까요? 이러한 손맛을 재현하면서 나의 손맛을 만들어 가고 싶은 마음에 요리를 즐기게 되었던 것 같습니다. 또 요리와 함께 나만의 이야기로 식탁을 꾸린다면 그 음식은 먹는 사람의 추억의 저장고에 좋은 기억으로 보존되지 않을까요?

'먹는다'는 건 배고픔을 채울 뿐 아니라 관계를 이어가는 일이기도 합니다. 현대사회에서 파편화되어 가는 개인의 삶을 회복하는 방법 중 으뜸이 '함께 밥해 먹는 일'이라고 생각합니다. 손맛이 느껴지는 밥을 함께 만들고 나누면서 관계를 넓혀가는 일에 이 책이 조금이라도 기여한다면 더할 나위 없이 기쁘겠습니다.

이 책이 '무엇을 해 먹을까?' 고민하는 사람들의 식탁을 채워 주는 역할을 하면 좋겠습니다.

한살림재단 이사장
곽 금 순

책을 펴내며

가장 좋은 요리는
재료 그 자체

좋은 요리는 만드는 사람을 빛나게 하고, 먹는 사람을 행복하게 합니다. 계절과 상황에 맞게 차려진 밥상 앞에서 우리 마음은 따뜻해지고, 이것이 나에게 올 수 있게 해 준 자연과 모든 사람들에게 고마움을 느끼게 됩니다. 새롭고 진귀한 식재료가 아니어도 괜찮습니다. 일상에서 쉽게 구할 수 있는 것들로 매일 먹는 밥, 국, 찌개, 반찬 등을 만들고 먹는 일이 귀합니다.

요리를 잘하는 비결도 매일 주방에서 반복해서 만드는 것이라고 생각합니다. 요리는 반복해서 하지 않으면 맛과 기술을 금방 잊어버리게 됩니다. 하루하루 식사를 위해 반복해서 요리하다 보면 자기도 모르는 사이에 최상의 맛을 찾을 수 있습니다.

이 책에 나오는 요리들은 2012년 10월부터 2015년 8월까지 한살림소비자생활협동조합연합회 소식지에 연재된 것들입니다. 우리 땅에서 난 제철 식재료로 차린 건강한 밥상을 소개하기 위해서 시작한 일이 이렇게 결실을 맺게 되었습니다.

· 가까운 제철 먹을거리를 공급하는 것을 기본으로 하는 한살림 물품으로만 요리하였습니다. 단, 설탕, 후추 등 한살림 물품으로 대체하기 어려운 수입 식재료는 그대로 사용하였습니다.
· 가장 건강하고 맛있는 요리는 좋은 식재료 그 자체입니다. 따라서 재료 본연의 맛을 최대한 살릴 수 있게 복잡한 요리법보다는 간소한 요리법을 고민하여 적용했습니다.
· 단순히 맛만 따르기보다는 자연을 느끼고 영양을 골고루 섭취할 수 있도록 하는 데 중점을 두었습니다.

시간이 갈수록 먹을거리의 종류가 많아지면서 보다 더 다양한 요리를 할 수 있게 되었습니다. 하지만 기본은 늘 같습니다. 입에서만 즐거운 요리보다는 우리 몸과 마음을 바르고 건강하게 세워 주는 요리가 좋은 요리라는 사실입니다. 이 책이 많은 사람들에게 의미 있게 읽히기를 바랍니다.

한살림요리학교 요리연구가
채 송 미

요리 전
먼저 알아 두어요

요리의 감초
한살림 소금 활용법

굵은소금: 소금이 많이 필요하거나 오랜 시간 소금을 녹여야 하는 요리에 알맞다. 김치를 담기 위해 배추나 열무, 무 등을 절일 때와 젓갈이나 장을 담글 때도 잘 어울린다. 국물을 낼 때 밑간의 ⅓ 정도는 굵은소금으로 하고 나머지는 국간장으로 하면 국물 맛이 더욱 깔끔하고 시원해진다.

생꽃소금: 굵은소금을 잘게 빻아 놓은 것으로 칼칼한 요리에 어울린다. 겉절이나 짧은 시간에 채소를 절일 때, 생선을 재울 때, 생선조림을 할 때를 비롯해 설렁탕 등에 국간장과 함께 넣으면 맛이 한결 좋아진다.

볶은소금: 한 번 볶았기 때문에 생소금보다 덜 짜고, 입자가 작아 빨리 녹고 잘 스며든다. 콩나물국 같은 담백한 국이나 김구이를 만들 때, 나물을 무칠 때나 전을 부치기 전 밑간할 때 쓰면 좋다.

볶은왕소금: 짠맛이 조금 덜해 소고기, 돼지고기를 소금구이할 때 사용하면 고기의 풍미를 은은하게 더해 준다.

함초소금: 국물요리는 시원하게 하고 무침요리에 넣으면 깔끔한 맛이 난다. 다른 소금에 비해 염도가 낮아서 삶은 달걀을 먹을 때 곁들이면 좋다. 죽을 끓이거나 달걀찜과 같은 요리를 할 때 조금씩 넣으면 감칠맛이 돈다.

* 소금 알갱이 크기: 볶은왕소금 〉 굵은소금 〉 생꽃소금 〉 볶은소금

새콤한 맛 살리는
한살림 식초 활용법

감식초: 산도가 3~4%로 낮아 물에 희석해서 그냥 마셔도 좋다. 물 1.5ℓ에 꿀 1

컵, 감식초 1½컵을 넣고 냉장고에서 3일 정도 숙성시키면 아이들도 좋아하는 음료수가 된다.

오곡명초: 쌀, 보리, 수수, 기장, 차조 등 5가지 곡식으로 만들어졌다. 산도가 5% 정도로 반찬을 만들 때 사용하면 좋다. 쌈장을 만들 때 국그릇 한 대접 분량의 재료에 한 수저 정도 넣으면 된장의 떫은맛이 희석돼 풍미와 감칠맛이 좋아진다.

토마토식초: 산도가 6~7%로 높아서 음료로 마시기보다는 절임용으로 좋다. 여름에는 채소가 풍부하니, 각종 채소를 큰 병에 모아 초절임을 만들어 놓으면 입맛 없을 때나 휴가철에 밑반찬으로 좋다.

음식 맛은 장맛
한살림 간장 활용법

조선간장: 메주를 이용해 만든 전통 재래간장으로, 소금물에 메주를 담가 40~50일 숙성한 후 된장과 간장으로 분리하여 만든다. 다른 부재료가 들어가지 않아 맛이 짠 편이지만 음식 맛을 깔끔하게 한다. 미역국, 북엇국, 소고기뭇국 등 국류에 이용하면 깊은 맛을 내고 고추장조치에 넣어도 소금을 넣었을 때보다 풍미를 더한다. 생선조림, 나물볶음, 오이미역냉국 등에도 활용한다.

진간장: 메주콩과 물, 소금, 우리밀을 혼합하여 단맛을 내 발효시킨 양조간장이다. 불고기, 갈비찜을 잴 때나 생선, 감자 요리의 양념장 등 이용도가 높다. 맛을 내기 위한 다른 첨가물을 전혀 넣지 않아 짠맛이 강하니, 시중 간장의 절반 정도만 사용한다.

맛간장: 진간장에 멸치, 다시마, 생강, 양파 등을 넣어 맛을 냈다. 고기육수 맛도 약간 나서 육수 낼 시간이 없을 때 떡국, 잔치국수 등에 간편하게 쓰기 좋다. 여름엔 미역냉국에 넣어도 좋고, 멸치맛국물에 조금 넣으면 비린 맛을 없애 주기도 한다.

제주전통어간장: 메주를 이용한 간장이 아닌 제주산 전갱이와 고등어를 발효시킨 뒤 무말랭이, 다시마, 소금을 넣고 2차 발효시킨 간장이다. 고기 양념이나 조림용 양념, 소스를 만들 때 사용하면 좋다.

맛과 영양을 그대로 가루 낸 한살림 양념가루 활용법

다시마가루: 쌈장 만들 때, 김치찌개나 생선조림 끓일 때, 그 외에도 전을 부치거나 수제비 같은 반죽을 할 때 넣는다. 다시마맛국물이 필요할 때 넣으면 다시마를 통째로 먹을 수 있다.

들깻가루: 돼지등뼈탕, 순댓국 등에 넣으면 고기 잡냄새를 없애고 나물에 넣으면 고소한 맛이 일품이다. 들깨에는 피부 노화 방지, 시력 회복에 좋은 성분이 들어 있어 따뜻한 물에 들깻가루를 개어 꿀을 넣으면 건강에 좋은 들깨차가 된다.

새우가루: 김칫국, 콩나물국같이 시원한 국물 맛이 필요한 요리에 넣으면 좋다. 쌈장에 넣으면 고소한 맛을 더하고, 된장찌개에 넣으면 시원한 해물 맛을 더한다.

생강가루: 김장김치의 필수품으로 생선요리에 살짝 뿌리면 비린내를 없애 준다. 생강에는 살균 성분이 있어 감기 예방과 치료에 좋다. 생강가루를 따뜻한 물에 개어 꿀을 넣어 마시면 감기 예방에 좋은 생강차가 간편하게 완성된다.

쑥가루: 수제비, 칼국수 등을 만들 때 넣어도 좋고 쑥찰떡을 만들어도 좋다. 따뜻한 물에 쑥가루와 꿀을 넣어 마시면 생리통으로 고생하는 여성에게 좋다.

참맛가루: 멸치가루가 주원료(70%)여서 멸치맛국물이 필요한 국물 요리에 사용하기 알맞다. 멸치를 뼈째로 먹을 수 있어 영양도 풍부해진다. 볶음, 찜, 조림 등에 다양하게 이용한다.

※ 양념 넣는 순서 : 설탕 → 소금 → 식초 → 간장 → 된장 → 고추장

설탕: 재료를 팽창시켜 부드럽게 만들고, 나중에 넣는 양념을 잘 스며들게 하는 효과가 있어 제일 먼저 넣는다.

소금: 수분을 밖으로 배출하고 단백질을 굳히는 효과가 있어 맛 성분이 빠져나가는 것을 막는 작용을 한다.

식초: 단백질을 응고시키고 짠맛을 부드럽게 만드는 효과가 있다. 공기 중 잘 날아가므로 일찍 넣으면 향이 사라진다.

간장: 간장은 고유의 맛과 향이 생명이다. 설탕이나 소금 다음으로 넣으면 재료에

맛이 잘 밴다.

된장: 국이나 찌개를 끓일 때 마지막에 넣어 한소끔 끓여 내면 영양 파괴도 적고 향이 구수하다.

고추장: 모든 재료가 한소끔 끓은 뒤 넣어 단시간 우르르 끓여 내는 게 맛나다.

※ 요리에 감칠맛을 더하는 맛국물 만들기

맛국물은 요리 직전에 만드는 것이 좋지만 사흘에 한 번 정도 끓여 냉동해 두었다가 사용하는 것도 좋다. 끓여 식힌 후 용기에 1회분씩 나누어 담아 두면 요리할 때 편리하다.

황태맛국물   채수   멸치다시마맛국물

황태맛국물

진한 감칠맛이 있어 해산물이 들어가는 탕, 된장찌개, 미역국, 칼국수 등에 어울린다.

재료 황태 머리(황태 껍질도 함께) 1개, 무 1토막(7×7cm), 대파 뿌리 10cm, 마늘 5쪽, 물 2ℓ

1 냄비에 물을 붓고 무, 대파, 마늘을 함께 넣어 중간 불에서 20분 정도 끓인다.
2 황태 머리를 넣어 중간 불에서 5분, 약한 불에서 5분 정도 더 끓인다.
3 베 보자기에 걸러 맑은 국물만 받아 사용한다.

채수

시원하며 감칠맛이 있어 맑은 탕이나 전골에 어울린다. 된장찌개, 감자맑은국, 국수전골, 김치말이국수 등을 만들 때 사용하기 좋다. 또 채소볶음이나 채소를 이용한 냉국, 채소를 넣은 일품요리를 할 때 넣어도 맛을 돋우는 역할을 한다.

재료 무 1토막(7×7cm), 말린 표고버섯 3개, 양파 껍질 1개, 당근 ½개, 물 2ℓ

1 채소 재료를 깨끗이 손질해 흐르는 물에 씻는다.

2 1을 냄비에 담고 물을 부어 중간 불에서 채소가 투명하게 익을 때까지 팔팔 끓인다.

3 베 보자기에 걸러 맑은 국물만 받아 사용한다.

멸치다시마맛국물

담백하고 순한 맛을 내 조개가 들어가는 국, 만둣국, 잔치국수 등에 어울린다.

재료 멸치 20마리, 디포리 5개, 다시마(10×20cm) 1장, 물 2ℓ

1 멸치, 디포리는 내장을 빼고 팬에 살짝 볶아 비린내를 없앤다.

2 1과 다시마, 물을 냄비에 넣고 중간 불에서 끓인 뒤 다시마를 건져 낸다.

3 불을 줄여 10분쯤 더 끓인 후 멸치, 디포리를 걸러 내 맑은 국물만 받아 사용한다.

※ 나트륨은 줄이고 맛은 살리는 저염요리법

1 맛있는 맛국물을 사용하면 소금을 많이 넣지 않아도 감칠맛이 난다.

2 들깻가루, 참깨, 검은깨 등을 갈아서 맛을 낸다.

3 된장찌개는 두부, 삶은 콩, 청국장 등을 많이 넣고 끓인다.

4 고추장을 사용할 때는 고춧가루를 첨가해서 사용량을 줄인다.

5 칼륨이 많은 양배추나 부추 등의 채소를 같이 섭취하면 나트륨 배출에 도움이 된다.

6 국이 뜨거우면 짠맛을 느끼기 힘들어 간을 잘 알 수 없으니 한 김 식히고 간을 본다.

한살림 요리,
이렇게 만들었습니다

- ■ 가까운 곳에서 나는 제철 식재료를 주로 사용하였습니다.
- • 자연에 가장 가까운 먹을거리가 몸에도 좋습니다.

- ■ 친환경, 유기농으로 만든 식재료를 이용하였습니다.
- • 주재료뿐만 아니라 부재료와 양념에도 신경 썼습니다.

- ■ 유전자조작된 식재료(GMO)는 쓰지 않습니다.
- • GMO는 생물체 속에 인위적으로 다른 생물체의 유전자를 넣어 기존에 존재하지 않는 새로운 성질을 갖도록 한 것입니다. 식물유전자원을 파괴하고 생태계를 교란하는 GMO를 사용하지 않습니다.

- ■ 모든 레시피는 4인분 기준입니다.
- • 특별한 경우를 제외하고는 모두 4인분 기준으로 만들었습니다.

- ■ 계량 단위는 아래와 같습니다.
- • 1컵 = 13큰술+1작은술 = 200㎖ = 200g = 200cc
- • 1큰술 = 3작은술 = 15㎖ = 15g = 15cc
- • 1작은술 = 5㎖ = 5g = 5cc

제철 먹을거리로 건강하게

제철 밥상

가까운 곳에서 제철에 난 먹을거리를
밥상에 올려 주세요.
우리 역시 자연의 일부이기에,
계절에 맞는 음식이
몸과 마음을 건강하게 합니다.

봄에 나오는 한살림 먹을거리

이름	1월	2월	3월	4월	5월	6월	7월	8월	9월	10월	11월	12월	나오는 시기
고사리					●								5월 중
곤드레잎				▷	●●●	●●	●						5월 중~7월 중
곰취				▷	●●●	●●							5월 초~7월 초
깻단				▷●	●●●	●●●	●●●	●●●	●●●	●●●			4월 말~10월 말
냉이			●●●								▷●	●	12월 초~3월 말(1~2월 중단)
달래			●●								▷●●	●●●	11월 초~4월 초(1~3월 초 중단)
돌나물				▷●●	●●								4월 중~5월 중
돌미나리				▷	●●●	●●●	●						5월 초~7월 중
땅두릅			▷	●●●	●●●	●●●	●●●	●●●	●				3월 말~9월 초
산두릅				▷●	●●								4월 말~5월 중
마늘종					▷●●								5월 초~5월 말
부추				▷●	●●●	●●●	●●●	●●●	●●●	●●●	●●		4월 초~11월 중
비름나물				▷●	●●●	●●●	●●●	●●●	●●●	●●●			4월 초~10월 말
생취나물				▷●	●●●	●●●	●●●	●●●	●●●	●●●			4월 초~10월 말
시금치	●●●	●●●	●●●	●●●	●●●	●●●	●●●	●●●	●●●	●●●	●●●	●●●	연중
쑥				▷●●									4월 초~4월 말
씀바귀			▷●	●●									3월 말~4월 중
어린잎채소	●●●	●●●	●●●	●●●	●●●	●●●	●●●	●●●	●●●	●●●	●●●	●●●	연중
잎마늘		▷	●●●	●●									2월 말~4월 중
참나물					▷●	●							5월 말~6월 초
더덕	●●	●●	●●	▷●●	●●●	●●●	●●●	●●●	●●●	●●●	●●●	●●●	4월 초~연중 공급
알타리무					▷●	●●●	●●			▷●●	●●		5월~7월, 10월 중~11월 중
말린고사리	●●●	●●●	●●●	●●●	▷●●	●●●	●●●	●●●	●●●	●●●	●●●	●●●	5월 중~4월 말
감귤/세미놀					●								5월 중
오디					▷●●	●●							5월 말~6월 말
진지향			▷●	●●●									3월 중~4월 중
천혜향			▷●●	●●●									3월 초~4월 중
청견			▷●	●●●									3월 중~4월 중
한라봉			▷●●	●●●									3월 초~4월 중

봄

입춘을 지나 우수가 되면 봄기운이 돋고 초목이 싹틉니다. 겨울잠 자던 동물들이 깨어나고, 장 담그기를 시작합니다. 농가에서는 지난해 받아 놓은 씨앗들을 고르고, 청명과 곡우 무렵 본격적으로 한 해 농사를 시작합니다. 밥상에 다시금 봄의 싱그러움이 찾아옵니다.

곤드레나물밥과 달래장

재료 삶은 곤드레나물 200g, 불린 쌀 3컵, 들기름 1큰술, 소금 ½작은술, 물 3컵
달래장– 달래 10줄기 정도, 맛간장 3큰술, 고춧가루 1큰술, 볶은 참깨 1큰술, 설탕 1작은술, 참기름 조금, 물 1큰술

1 삶은 곤드레나물은 적당한 길이로 썰어 들기름, 소금으로 버무린다.
2 밥솥에 불린 쌀과 물, 1의 곤드레나물을 넣고 밥을 한다.
* 밥을 할 때 쌀과 물의 비율을 불린 쌀은 1:1로 하고, 불리지 않은 쌀은 1:1.2로 한다.
3 달래를 잘게 썰고 나머지 재료와 섞어 달래장을 만든다.
4 2의 밥과 3의 달래장을 함께 낸다.

봄나물비빔밥

재료 밥 2공기, 돌나물 1컵, 냉이 50g, 달래 50g, 어린잎채소 20g, 참기름·소금 조금
비빔양념장– 고추장 2큰술, 꿀·식초 각각 1큰술, 볶은 참깨 ½큰술, 다진 마늘 1작은술, 설탕 1작은술, 진간장 1작은술, 참기름 1작은술

1 돌나물, 어린잎채소는 씻어 건져 물기를 뺀다.
2 냉이는 씻어 끓는 물에 삶아 건져 물기를 짠 뒤 4cm 길이로 잘라 참기름과 소금을 넣고 가볍게 무친다.
3 달래는 씻어 건져서 머리 부분의 흙을 제거하고 4cm 길이로 자른다.
4 분량의 양념장 재료를 고루 섞어 비빔양념장을 만든다.
5 그릇에 밥을 담고 1, 2, 3을 고루 올린 뒤 비빔양념장을 곁들여 낸다.

봄나물김밥

재료 밥 300g, 냉이 100g, 달래 100g, 구운 김밥 김 2장, 김치 줄기, 볶은 참깨, 참기름
냉이나물 양념– 된장 1큰술, 다진 마늘, 다진 파, 들기름, 볶은 참깨
달래나물 양념– 설탕·식초·진간장 각각 ½큰술

1 냉이는 다듬어 깨끗이 씻은 뒤 끓는 물에 데쳐 물기를 꼭 짜고, 분량의 양념을 넣어 무친다.
2 달래는 다듬어 깨끗이 씻은 뒤 분량의 양념을 넣고 버무린다.
3 김치는 물에 살짝 씻어 물기를 꼭 짠다.
4 뜨거운 밥에 볶은 참깨와 참기름을 넣고 버무려 한 김 식힌다.
5 김발에 김을 놓고 4의 밥을 올려 편 뒤 1의 냉이나물과 3의 김치, 2의 달래나물과 3의 김치를 각각 넣고 돌돌 만다.

햇빛과 바람이 기른
지주식 김
한살림 김

한살림 김은 해안가에 나무 지주를 박아 놓고 김발을 매달아 키우는 지주식 양식을 고집한다. 김발이 밀물 때는 바닷물에 잠기고 썰물 때는 수면 밖으로 드러나 햇볕을 쬐게 되며, 이때 햇빛에 약한 파래가 자연적으로 제거된다. 그래서 조수간만의 차를 이용할 수 있는 곳, 밀물 썰물 시의 해수면 높낮이 내에서만 지주식 양식이 가능하다. 지주식 양식은 바다 생태계를 교란하지 않으며 바다가 선사하는 고유의 맛을 간직하게 한다. 그래서 한살림 김은 시중의 김보다 윤기가 덜하고 다소 거친 편이지만 씹을수록 고소하고 김 고유의 향이 강하다.

이에 비해 시중에 유통되는 김은 대개 바닷물에 스티로폼 부레를 띄우고 김발을 매달아 키우는 부레식으로 양식된다. 대량 양식이 가능하고 15~20여 일이면 다 자라 지주식 김이 다 자라는 데 걸리는 30여 일보다 생산이 빠르다. 하지만 늘 바닷물에 잠겨 있기 때문에 파래가 끼기 쉬워 이를 제거하기 위해서 김발을 수시로 들어 올려 염산을 뿌리는데, 염산은 우리 건강뿐만 아니라 바다 생태계를 파괴하는 독성물질이다.

시금치바지락국

재료 시금치 300g, 자연산 참바지락 350g, 된장 2큰술, 다진 마늘 1큰술, 소금, 멸치맛국물 6컵

1 시금치는 깨끗하게 씻어서 반으로 잘라 끓는 물에 살짝 데치고
  찬물에 헹궈 물기를 꼭 짠다.
2 참바지락은 해감한 뒤 껍질을 비벼 가며 여러 번 헹군다.
3 1의 시금치에 된장을 넣고 손으로 버무려서 간이 들도록 둔다.
* 이렇게 하면 건더기에도 간이 들어서 맛이 좋아진다.
4 멸치맛국물이 팔팔 끓으면 3의 시금치를 넣고 끓이다가 다진 마늘과
  2의 참바지락을 넣고 끓인다.
* 바지락은 입이 열리는 것으로 익었는지 확인한다.
5 마지막에 전체 간을 보고 싱거우면 소금으로 간을 맞춘다.

냉이바지락볶음

재료 냉이 100g, 자연산 참바지락 350g, 대파 ½뿌리, 마늘 2쪽, 생강 1쪽, 건고추 1개, 현미유 2큰술, 어간장(또는 액젓) 1큰술, 소금·후춧가루 조금

1 냉이는 뿌리 쪽을 깨끗이 다듬은 뒤 물로 깨끗이 씻는다.
2 참바지락은 해감한 뒤 껍질을 비벼 가며 여러 번 헹군다.
3 대파, 마늘, 생강은 채 썰고 건고추는 가위로 자른다.
4 살짝 달군 팬에 현미유를 두르고 3을 넣어 달달 볶는다.
5 4에 손질한 냉이와 바지락을 넣고 센 불에서 볶는다.
* 스파게티 면을 삶아 함께 볶으면 색다른 봉골레 파스타가 된다.
6 5를 어간장으로 간하고, 모자라는 간은 소금과 후춧가루로 한다.

주꾸미불고기

재료 주꾸미 500g, 양파 ½개, 대파 ½뿌리, 밀가루·소금·볶은 참깨 조금, 쌀뜨물 3컵
양념장– 고춧가루 1½큰술, 고추장·다진 파·진간장·청주·현미유 각각 1큰술, 다진 마늘 ½큰술, 참기름 2작은술, 볶은 참깨 1작은술, 후춧가루 조금

1 주꾸미는 내장을 제거하고 밀가루와 소금을 뿌려 바락바락 씻은 뒤,
   끓는 쌀뜨물에 빨리 데쳐 물기를 뺀다.
* 주꾸미는 익히지 않고 양념장에 넣으면 볶는 시간이 오래 걸려 질겨지고 국물이 생긴다.
  미리 살짝 익힌 뒤 양념장을 넣고 볶으면 국물 없이 만들 수 있다.
2 양파와 파는 곱게 채 썰어 찬물에 담가 매운맛을 뺀다.
3 팬에 분량의 양념장 재료를 넣고 중간 불에서 끓인 뒤 주꾸미를 넣고 빨리 볶아 낸다.
4 2의 양파와 파를 곁들여 접시에 담고 볶은 참깨를 뿌려 낸다.

※ 주꾸미 손질은 이렇게

- **내장, 알 제거**: 주꾸미의 머리와 다리가 연결된 부분에 세로로 칼집을 한 번 내고 뒤집으면 내장과 알, 먹물이 있다. 이 부분을 칼로 제거한다.
- **밀가루, 소금으로 이물질 제거**: 빨판에 붙어 있는 뻘이나 미끈미끈한 진액을 제거하기 위해 밀가루와 굵은소금을 한 수저 넣고 다리 빨판을 중심으로 훑듯이 바락바락 주물러 준 뒤 물에 깨끗이 씻어 채반에 밭쳐 물기를 뺀다. 그래야 비린내도 안 나고 살도 탱글탱글해진다.
- **흐르는 물에 헹구기**: 밀가루와 소금으로 제거한 이물질이 잘 씻겨 나가도록 흐르는 물에 주꾸미를 바락바락 헹군다.
- **쌀뜨물에 데치기**: 주꾸미를 쌀뜨물에 살짝 데치면 비린 맛은 덜하고 달달한 맛은 그대로 즐길 수 있다. 부드러운 맛을 위해서는 짧은 시간에 요리하는 것이 중요하니, 쌀뜨물이 끓으면 한 번에 4~5마리씩 살짝 넣었다 바로 건져 낸다.

마늘종새우볶음

재료 마늘종 200g, 마른 새우 ½컵, 볶은 참깨, 소금, 현미유
조림장 – 진간장 2큰술, 청주 1큰술, 설탕 2작은술, 쌀조청 2작은술, 물 2큰술

1 마늘종은 4cm 길이로 썰어 끓는 물에 소금을 넣고 살짝 데쳐 낸다.
2 기름을 두르지 않은 팬에 마른 새우를 볶은 뒤 체에 담아 흔들어 가루를 떨어낸다.
* 볶은 마른 새우를 체에 담아 흔들어야 거친 부분들이 제거된다.
3 달군 팬에 현미유를 두르고 1의 마늘종을 볶아 접시에 담아 둔다.
4 팬에 조림장 재료를 넣고 끓으면 2의 마른 새우와 3의 마늘종을 넣어 조린다.
5 볶은 참깨를 뿌려 낸다.

시금치호두나물

재료 시금치 300g
양념장 호두 4~5알, 된장 1큰술, 참기름 1큰술, 다진 마늘 ½작은술, 소금

1 시금치는 깨끗하게 씻어서 반으로 잘라 끓는 물에 소금을 조금 넣고
   10초 정도 데치고, 찬물에 헹궈 물기를 꼭 짠다.
* 시금치를 조리할 때는 철이나 구리로 만든 용기는 피하고,
  끓는 물에 소금을 조금 넣고 단시간 살짝 하는 것이 좋다.
  이때 뚜껑을 덮지 말아야 영양소 파괴를 막고 엽록소의 푸른색도 보존된다.
2 호두는 떫은맛을 제거하기 위해 끓는 물에 1분 정도 데친 뒤 건진다.
3 믹서에 양념장 재료를 넣고 간 것을 1의 시금치에 넣고 무친다.

취나물소고기샐러드

재료 한우(샤브샤브용) 150g, 생취나물 100g, 찹쌀가루 1컵, 현미유
고기양념 – 진간장 1큰술, 다진 마늘 1작은술, 설탕 1작은술, 참기름 1작은술, 후춧가루 조금
소스 – 풋고추 1개, 청양고추 1개, 진간장 2큰술, 설탕 1큰술, 식초 1큰술, 현미유 1큰술

1 소고기는 양념을 발라 재운다.
2 취나물은 연한 것으로 준비하여 줄기까지 먹기 좋게 뚝뚝 자른다.
3 볼에 소스 재료를 잘 섞고 풋고추, 청양고추를 쫑쫑 썰어 넣는다.
4 1의 소고기에 찹쌀가루 옷을 입혀 달궈진 팬에 현미유를 살짝 두르고
   노릇노릇하게 굽는다.
5 4의 소고기와 2의 취나물에 소스를 넣어 무친다.

잎마늘콩가루찜

재료 잎마늘(또는 고추, 냉이, 부추 등) 400g, 생콩가루 1컵, 들기름, 소금, 볶은 참깨

1 잎마늘은 씻은 뒤 4cm 길이로 자른다.
* 잎마늘은 잎이 나눠지는 부분에 흙이 많으므로 주의해서 씻는다.
2 생콩가루를 넣은 비닐봉지에 잎마늘을 넣고 흔들어서 콩가루 옷을 입힌다.
3 김이 오른 찜기에 젖은 베 보자기를 놓고 2의 잎마늘을 5분 정도 찐다.
4 찐 잎마늘을 식힌 뒤 들기름, 소금, 볶은 참깨로 버무린다.

우럭찜

재료 우럭 1마리, 대파 2뿌리, 생강 15g, 청고추·홍고추 각 1개, 깻잎 5장, 현미유 ¼컵
간장소스 – 진간장 4큰술, 설탕 1큰술, 청주 1큰술, 후춧가루, 물 3큰술

1 우럭은 지느러미와 아가미, 내장을 제거한 뒤 깨끗이 씻는다.
2 파는 깨끗이 씻어 반은 5cm 길이로 자르고 나머지 반은 가늘게 채 썬다.
3 생강은 껍질을 벗겨 깨끗이 씻고 편으로 자른다.
4 청고추와 홍고추는 깨끗이 씻어 1cm 길이로 채 썰고, 깻잎도 깨끗이 씻어
   물기를 뺀 뒤 채 썬다.
5 냄비에 분량의 간장소스 재료를 골고루 섞어 끓인다.
6 손질한 우럭 위에 5cm 길이로 자른 파와 3의 생강을 번갈아 올린 뒤 찜통에 30분간 찐다.
7 6 위에 가늘게 채 썬 파와 청고추, 홍고추, 깻잎을 올린 뒤 끓인 현미유를 붓는다.
8 7에 5의 간장소스를 넉넉히 부어 낸다.

봄채소튀김

재료 냉이 100g, 달래 50g, 쑥 50g, 튀김가루 2컵, 녹말가루 2큰술, 튀김기름, 물 2½컵
간장소스 – 맛간장 4큰술, 설탕 2큰술, 식초 2큰술, 다진 달래 1큰술

1 냉이와 달래, 쑥을 손질한 뒤 깨끗이 씻어 체에 밭쳐 물기를 뺀다.
2 튀김가루에 물을 붓고 덩어리가 지지 않게 잘 섞어 튀김옷을 만든다.
3 1에 녹말가루를 뿌려 살살 버무린다.
＊ 녹말가루는 튀김옷이 잘 묻게 하고 바삭한 느낌을 준다.
4 3에 튀김옷을 고루 입힌다.
5 튀김 팬에 기름을 붓고 달군 뒤 4를 바삭하게 튀긴다.
＊ 달래는 여러 가닥을 모아 타래를 지어 튀긴다.
6 분량의 소스 재료를 섞어 간장소스를 만들어 곁들인다.

냉이오징어볼

재료 냉이 100g, 오징어 1마리, 튀김가루 1컵, 당근 50g, 유정란 1개, 소금, 후춧가루, 튀김기름

1 냉이는 손질한 다음 물에 두세 번 씻어 곱게 다진다. 당근도 곱게 다진다.
2 오징어는 물기를 제거하고 작게 토막 내 믹서에 간다.
3 1의 냉이와 당근, 2의 오징어를 골고루 섞는다.
4 3에 튀김가루와 유정란을 넣고 잘 섞는다.
* 오징어의 수분량에 따라 튀김가루를 가감한다.
5 우묵한 팬에 튀김기름을 적당량 붓고, 170℃ 정도로 끓으면 4를 한 숟가락씩 떠 넣어 노릇노릇하게 튀겨 낸다.

쇠미역초무침

재료 쇠미역 200g, 무 100g, 멸치액젓(또는 까나리액젓) 2큰술, 볶은 참깨
초고추장 – 식초 3큰술, 고추장 2큰술, 쌀조청 2큰술, 다진 마늘 1큰술

1 염장된 쇠미역은 여러 번 물에 헹궈 소금기를 빼고 끓는 물에 살짝 데친다.
2 1의 쇠미역을 적당한 크기로 썰고 무도 채 썬다.
3 2의 쇠미역과 무를 멸치액젓에 버무린다.
4 무가 적당히 절여지면 쇠미역과 무의 수분을 제거하고 초고추장 재료를 넣어 버무린다.
5 접시에 담고 볶은 참깨를 뿌려 낸다.

꼬시래기무침

재료 꼬시래기 200g, 반디나물(또는 참나물, 미나리) 70g
양념장- 고춧가루 2큰술, 식초 1큰술, 진간장 1큰술, 참깨 1큰술, 설탕 ½큰술, 쌀조청 ½큰술, 참기름 ½큰술, 멸치액젓 2작은술

1 염장한 꼬시래기는 물에 여러 번 씻어 소금기를 빼고 물에 잠시 불린다.
2 1을 끓는 물에 살짝 데친 뒤 찬물에 헹궈 물기를 쪽 뺀다.
3 2의 꼬시래기를 먹기 좋은 길이로 자르고, 반디나물도 3㎝ 길이로 자른다.
4 양념장을 만들어 먹기 직전에 무친다.

* 꼬시래기는 조리하면 수분이 많이 나오기 때문에 먹기 직전 양념에 버무려야 특유의 맛을 제대로 느낄 수 있다.

바지락무침

재료 자연산 참바지락 350g, 양배추 ¼개, 양파 ½개, 미나리 10줄기, 홍고추 1개
양념 – 고추장 2큰술, 식초 1½큰술, 쌀조청 1½큰술, 매실청 1큰술, 진간장 1큰술, 고춧가루 1작은술, 볶은 참깨 1작은술

1 바지락은 해감한 뒤 껍질을 비벼 가며 헹군다.
2 1의 바지락을 끓는 물에 데친 뒤 살만 발라낸다.
* 바지락 데친 물은 버리지 말고 칼국수 등 국물요리의 맛국물로 쓰면 좋다.
3 양배추, 양파는 채 썰고 미나리는 4cm 길이로 썬다.
4 홍고추는 씨를 빼고 어슷하게 썬다.
5 분량의 양념 재료를 섞어 양념을 만든다.
6 볼에 2, 3, 4를 넣고 5의 양념으로
　가볍게 무친 뒤 그릇에 담아낸다.

2~4월이 제철인 바지락은 오래 보관할수록 살이 빠지는 현상이 있으니 되도록 빨리 먹는 게 좋다.

쑥전병

재료 쑥 100g, 양배추 ¼개, 사과 ½개, 밀가루 1컵, 미나리 조금, 현미유, 물 1½컵
소스 - 한라봉 2개, 들깻가루 1큰술, 매실청 1큰술, 잣 1큰술, 소금 ⅔작은술

1 쑥은 깨끗이 씻은 뒤 채반에 밭쳐 물기를 뺀다.

※ 생쑥이 없으면 쑥가루를 이용해도 된다.

2 양배추와 사과는 채 썰어 준비하고, 미나리는 4cm 길이로 썬다.
3 믹서에 손질한 쑥을 넣고 물을 조금씩 부어 가며 곱게 간다.
4 3에 밀가루를 섞어 전병 반죽을 한다.
5 현미유를 두른 프라이팬에 4를 한 순가락씩 떠서 약한 불에서 동그랗게 부친다.
6 한라봉 알맹이와 매실청, 잣, 소금을 믹서에 간 뒤 들깻가루를 섞어 소스를 만든다.
7 양배추, 사과, 미나리를 한데 섞어 6의 소스로 버무려 전병과 함께 접시에 담아낸다.

쑥버무리

재료 소금 간한 불린 멥쌀로 만든 쌀가루 300g, 쑥 150g, 설탕 3큰술

1 쑥은 깨끗이 씻은 뒤 채반에 밭쳐 물기를 뺀다.
2 쌀가루와 1의 쑥을 잘 섞는다.
3 2에 설탕을 섞어서 김이 오른 찜통에 15분 정도 찐다.

쑥은 열이 많은 특성이 있으므로 서늘한 곳에서 보관하거나 냉장 보관한다.

여름에 나오는 한살림 먹을거리

이름	1월	2월	3월	4월	5월	6월	7월	8월	9월	10월	11월	12월	나오는 시기
보리	●●	●●●	●●●	●●●	●●●	●●▷	●●●	●●●	●●●	●●●	●●●	●●●	7월~ 연중 공급
고구마순				▷	●●●	●●●	●●●	●●●	●●●				5월 중~9월 말
고춧잎						▷●●	●●●	●●●	●●●				6월 초~9월 중
근대	●●	●●●	●●●	●●●	●●●	●●●	●●●	●●●	●●●	●●●	●●●	●●●	연중
깻잎	●●	●●●	●●●	●●●	●●●	●●●	●●●	●●●	●●●	●●●	●●●	●●●	연중
머위대						▷●●	●●●	●●●	●●●				6월 말~9월 말
명이나물					▷●								5월 말~6월 초
양배추	●●	●●●	●●●	●●●	●●●	●●●	●●●	●●●	●●●	●●●	●●●	●●●	연중
호박잎					▷●●	●●●	●●●						5월 중~7월 말
가지						▷●●	●●●	●●●	●●●	●●●			6월 초~10월 말
감자	●●●	●●		▷	●●●	●●●	●●●	●●●	●●●	●●●	●●●	●●	4월 말~2월 말(봄→하지→고랭지)
자색감자						▷●●	●●●	●●●	●●●	●●●			7월 초~10월 말
강낭콩						▷●							7월 초~7월 중
완두콩					▷●●								6월 초~6월 말
꽈리고추				▷●●	●●●	●●●	●●●	●●●	●●●	●●●			4월 말~10월 중
풋고추					▷●●	●●●	●●●	●●●	●●●	●●●			5월 초~10월 말
오이맛풋고추				▷●●	●●●	●●●	●●●	●●●	●●●	●●●	●		4월 말~11월 초
토종풋고추						▷●●●	●●			●●●			6~7월, 10월
청양고추						▷●●	●●●	●●●	●●●	●●●			7월 초~10월 말
홍고추							▷●●	●●●	●●●	●●●			7월 말~10월 말
난호박						▷●●	●●●	●●●	●●●	●●●	●●●	●●	6월 말~12월 말
애호박					▷●●	●●●	●●●	●●●	●●●	●●●	●●●		5월 중~11월 말
오이				▷●●	●●●	●●●	●●●	●●●	●●●	●●●	●●●		4월 초~11월 말
노각오이						▷●●	●●●	●●●					6월 초~8월 중
조선오이						▷●●	●●●			●●●	●●●		6월 초~7월 말, 10월 초~11월 말
취청오이						▷●●	●●●	●●●	●●●	●●●			6월 말~10월 중
옥수수							▷●						7월 중~7월 말
찰옥수수							▷●●	●●●	●●●	●●●			7월 중~10월 말
방울토마토					▷●●	●●●	●●●	●●●	●●●	●●●	●●●	●	5월 중~12월 초
완숙토마토					▷●●	●●●	●●●	●●●	●●●	●●●	●●●	●●●	5월 초~12월 말
파프리카						▷●●	●●●	●●●	●●●	●●●	●●●		6월 중~11월 말
피망						▷●●	●●●	●●●	●●●	●●●			6월 초~10월 중
홍피망							▷●●	●●●	●●●				7월~9월 중
매실						▷●●	●						6월 초~7월 초
메론							▷●●	●●●	●●●	●			7월 중~10월 초
복숭아							▷●●	●●●	●●●	●			7월 초~10월 초
블루베리							▷●●						7월
산딸기							▷●●						7월
수박					▷●●	●●●	●●●	●●●					5월 중~8월 중
자두							▷●●						7월 중~8월 초
참외			▷●	●●●	●●●	●●●	●●●	●●●					3월 말~8월 말
포도								▷●●	●●●	●●●			8월 말~10월 말
청포도								▷●●	●●				8월 중~9월 말

여름

모내기를 시작하면
농부들은 논이 마르지 않게
물을 대느라 바빠집니다.
소서를 맞아 본격적인 더위가 찾아오면
갖가지 채소와 과일들이 나옵니다.
햇밀과 햇보리를 수확하고
과일이 가장 맛있는
여름 밥상은 풍성합니다.

저염견과류쌈장과 숙쌈

재료 곰취 8장, 근대 8장, 호박잎 8장, 양배추 ¼개
저염쌈장 – 두부 100g, 땅콩·잣·호두 등 견과류 다진 것 2큰술, 된장 2큰술, 볶은 콩가루(또는 현미가루) 2큰술, 고추장 1큰술, 다진 마늘 ½큰술, 참기름, 볶은 참깨

1 호박잎은 줄기 끝을 살짝 꺾어서 껍질을 벗겨 손질한다.
* 호박잎에는 잔잔한 솜털이 억세게 자리 잡고 있는데, 잎사귀 뒤쪽의 줄기 부분까지 벗겨 내면 더 부드럽다.
2 1의 호박잎을 끓는 물에 살짝 데치고 찬물에 헹궈 열기를 제거한 뒤 물기를 꼭 짠다.
  다른 채소도 데쳐서 찬물에 헹궈 준비한다.
* 데치지 않고 쪄서 준비해도 좋다.
3 기름 없는 팬에 견과류 다진 것을 볶는다.
4 두부는 물기를 제거하고 칼등으로 으깨 놓는다.
5 프라이팬에 분량의 쌈장 재료를 모두 넣고 섞어 볶는다.

🍊 호박 줄기는 된장찌개 끓일 때 마지막에 풋고추 썬 것과 함께 넣어 먹으면 아삭한 맛이 좋다.

가지냉국

재료 가지 3개, 풋고추 1개, 홍고추 1개, 조선간장 2큰술,
볶은 참깨 1큰술, 식초 1큰술, 다진 마늘 ½큰술, 다시마맛국물 1컵

1 가지는 씻은 후 꼭지를 떼고 2등분하여 반으로 자른 뒤 찜통에 무르도록 찐다.
2 풋고추와 홍고추는 씨를 빼고 다진다.
3 찐 가지를 식힌 뒤 알맞은 크기로 찢는다.
4 3에 식초, 조선간장, 다진 마늘, 볶은 참깨를 넣어 무친다.
5 가지에 간이 배면 다진 고추와 차가운 다시마맛국물을 넣는다.

💧 모든 채소의 꼭지는 씻은 후 따야 안에 물이 들어가지 않는다.

오징어감잣국

재료 오징어 1마리, 감자 3개, 대파 1뿌리, 고춧가루 2큰술, 다진 마늘 1큰술, 조선간장 1큰술, 소금, 물 7½컵

1 내장을 제거하고 손질한 오징어는 씻어서 채 썬다.
2 감자는 껍질을 깎아 굵게 채 썰고, 대파는 어슷하게 썬다.
3 냄비에 분량의 물을 넣고 끓이다가 팔팔 끓으면 2의 감자와 조선간장을 넣고 끓인다.
4 3이 어느 정도 끓으면 1의 오징어와 고춧가루, 다진 마늘, 대파를 넣고 끓인다.
5 부족한 간은 소금으로 한다.

오이감정

재료 오이 1개, 한우(불고기 또는 국거리용) 100g, 대파 1뿌리, 풋고추·홍고추 각 1개, 고추장 2큰술, 다진 마늘 2작은술, 된장 1작은술, 물 3컵
고기양념 – 다진 마늘 1작은술, 조선간장 1작은술, 참기름·후춧가루 조금

1 오이는 소금으로 문질러 씻고 돌려 가며 삼각지게 썬다.
2 고기는 납작하게 썰어 양념한다.
3 파, 고추는 어슷하게 썬다.
4 냄비에 2의 고기를 볶다가 물을 부어 끓인다.
5 4가 끓으면 된장, 고추장을 풀고 1의 오이를 넣는다.
6 오이가 익으면 파, 고추, 다진 마늘을 넣고 잠깐 끓여 낸다.

오징어두루치기

재료 오징어 400g, 불린 당면 100g, 대파 1뿌리, 깻잎 10장, 양파 ½개, 청양고추 1개, 물 2컵
양념 – 고추장 3큰술, 고춧가루 1큰술, 다진 마늘 1큰술, 설탕 1큰술, 소금 1큰술, 쌀조청 1큰술, 진간장 1큰술, 청주 1큰술, 후춧가루

1 오징어, 대파, 깻잎, 양파, 고추는 먹기 좋은 크기로 썬다.
2 섞어 둔 양념에 1의 오징어와 양파를 넣고 버무린다.
3 중간 불로 달군 팬에 현미유를 두르고 2를 2분 정도 볶다가 물과 당면을 넣고 끓인다.
4 보글보글 끓기 시작하면 썰어 놓은 대파, 깻잎, 고추를 넣고 한 번 더 끓인다.

부추잡채

재료 돼지고기(불고기용) 200g, 부추 200g, 꽃빵 적당량, 현미유
고기 밑간 – 유정란흰자 1개, 녹말가루 2큰술, 청주 1큰술, 진간장 1작은술, 후춧가루 조금
볶음 양념 – 대파(흰 부분) 3cm 정도, 진간장 1큰술, 청주 1큰술, 소금, 후춧가루, 참기름

1 돼지고기는 채 썰어 밑간한 뒤 잠시 재워 둔다.
2 부추는 씻어서 4~5cm 길이로 썬다.
3 팬에 현미유를 두르고 대파를 조금 썰어 넣어 파 향이 나게 볶다가
   1의 돼지고기를 넣어 볶는다.
4 3에 진간장, 청주를 넣어 볶다 부추를 넣어 살짝만 볶고
   소금, 후춧가루, 참기름으로 간한다.
5 꽃빵을 쪄서 같이 낸다.

부추에 함유된 알라신 성분은 소화를 돕고 살균 작용이 있어 고기와 함께 먹으면 좋다.

오이잡채

재료 오이 2개, 표고버섯 4개, 어묵 80g, 양파 ½개, 풋고추 2개, 홍고추 2개, 다진 파 2큰술, 다진 마늘 1큰술, 볶은 참깨 1큰술, 진간장 1큰술, 참기름 1큰술, 청주 1작은술, 소금, 후춧가루, 현미유

1 오이는 소금에 문질러 씻어 4cm 길이로 토막 내고 돌려 깎아 곱게 채 썬다.
  채 썬 오이를 소금에 절인 뒤 물에 헹궈 물기를 꼭 짠다.
2 표고버섯은 물에 충분히 불려 밑동을 잘라 낸 뒤 곱게 채 썬다.
  어묵은 끓는 물에 살짝 데쳐 기름기를 없애고 4cm 길이로 곱게 채 썬다.
3 양파도 곱게 채 썬다. 풋고추와 홍고추는 반을 갈라 씨를 털고 4cm 길이로 곱게 채 썬다.
4 팬에 현미유를 두르고 양파와 다진 마늘을 넣어 볶다가
  표고버섯과 어묵, 진간장, 참기름을 넣고 간이 고루 배도록 볶는다.
5 4에 오이 채와 고추를 넣어서 볶다가 다진 파, 청주, 소금, 후춧가루를 넣어 재빨리 섞는다.
6 5를 넓은 접시에 펼쳐 식힌 뒤 볶은 참깨를 뿌려서 그릇에 담아낸다.

오이갑장과

재료 오이 2개, 한우(불고기용) 50g, 표고버섯 2개,
소금 2큰술, 참기름 1큰술, 현미유 1큰술, 볶은 참깨 ½큰술, 홍고추 채 조금
고기, 표고버섯 양념 - 다진 파 2작은술, 진간장 2작은술, 다진 마늘 1작은술, 설탕 1작은술, 후춧가루

1 오이는 4cm 길이로 토막 내서 길이대로 6~8등분하고 씨 부분을 도려낸다.
2 1의 오이를 소금물에 20~30분 정도 절인 뒤 물에 한 번 헹궈 물기를 꼭 짠다.
3 소고기는 결대로 가늘게 채 썰고, 물에 불린 표고버섯도 가늘게 채 썬다.
4 3의 고기와 표고버섯을 각각 양념한다.
5 팬에 현미유를 두르고 양념한 고기와 표고버섯을 넣어 볶다가 익으면 한쪽으로
  모아 놓는다. 다시 현미유를 두른 뒤 2의 오이를 넣고 센 불에서 볶으며 섞는다.
6 5에 참기름, 볶은 참깨, 홍고추 채를 뿌린 뒤 접시에 담아낸다.

양파오징어샐러드

재료 양파 2개, 오징어 1마리, 양배추 3장, 파프리카 조금
소스 청양고추 ½개, 홍고추 ¼개, 액젓 3큰술, 식초·설탕 각 1½큰술, 다진 마늘 ⅔작은술

1 양파, 양배추, 파프리카는 곱게 채 썬다.
2 오징어는 껍질을 벗기고 잔 칼집을 넣는다.
3 2를 끓는 물에 살짝 데쳐 찬물에 씻은 뒤 채 썬다.
4 고추를 잘게 다져 나머지 재료와 섞어 소스를 만든다.
5 접시에 양파와 오징어, 양배추와 파프리카를 담고 소스를 곁들여 낸다.

감자꽈리고추조림

재료 감자 3개, 꽈리고추 100g, 볶은 참깨, 참기름, 현미유
양념장 - 고추장 2큰술, 진간장 2큰술, 고춧가루 1큰술, 설탕 1큰술, 물 2컵

1 감자는 껍질을 벗기고 적당한 크기로 썰어 찬물에 담가 전분기를 제거한다.
2 꽈리고추는 씻은 후 꼭지를 딴다.
3 분량의 양념장 재료를 섞어 둔다.
4 냄비에 현미유를 두르고 1의 감자를 볶는다.
5 감자가 어느 정도 익으면 3의 양념장을 붓고 뒤적이며 조리다 꽈리고추를 넣는다.
6 국물이 자작하게 졸아들면 불을 끈 뒤 참기름과 볶은 참깨를 뿌린다.

꽈리고추는 매운맛이 적고 베타카로틴, 비타민C, 철과 인 등을 풍부하게 함유하고 있어 우리 몸의 신진대사를 활발하게 한다. 멸치와 함께 볶음, 조림 등을 만들어 먹으면 비타민C가 없는 멸치의 영양성분을 보완할 수 있어 좋고, 기름에 볶아 먹으면 꽈리고추에 함유된 베타카로틴 성분의 흡수가 더욱 빠르다. 장조림에 넣을 때는 고추에 살짝 구멍을 내면 간이 잘 밴다.

단호박간장조림

재료 단호박 300g, 호두 20g, 쌀조청 1큰술, 계핏가루, 현미유
조림장– 청주 3큰술, 진간장 2큰술, 설탕 1큰술, 물 ½컵

1 단호박은 껍질째 한입 크기로 썬다.
2 팬에 현미유를 두르고 1의 단호박이 반쯤 익을 정도로 굽는다.
3 2에 조림장 재료를 모두 넣고 뒤적이며 조린다.
4 3에 호두, 쌀조청을 넣고 윤기나게 조린다.
5 불을 끄고 계핏가루를 뿌린다.

단호박은 전분이 당분으로 변하는 성질이 있어, 품종에 따라 차이는 있지만 수확 후 15~30일 정도 후숙해 먹으면 당분의 함량이 높아져 맛이 더욱 좋다. 이렇게 전분이 당분으로 변하는 것으로는 고구마, 밤 등이 있다.

마늘조림

재료 깐 마늘 2컵, 현미유 3큰술, 검은깨 조금
조림장- 쌀조청 2큰술, 진간장 1큰술, 청주 1큰술

1 깐 마늘은 깨끗이 씻어 꼭지를 뗀 뒤 끓는 물에 데친다.
2 1을 체에 밭쳐서 찬물에 헹군 뒤 물기를 뺀다.
3 팬에 현미유를 두르고 물기를 뺀 마늘을 넣어 노릇하게 볶는다.
4 조림장 재료를 잘 섞은 뒤 3에 부어 간이 잘 배어들게 조리고
　그릇에 담아 검은깨를 뿌려 낸다.

※ 마늘을 쉽게 까려면

마늘 뿌리 부분을 0.5mm 정도 잘라 전자레인지에 30초~1분가량 돌린 뒤 꺼내
머리만 살짝 누르면 마늘 알맹이가 쏙 빠진다. 이렇게 하면 마늘을 쉽고 빨리 깔 수
있을 뿐만 아니라 눈물, 콧물이 나고 손이 짓무르는 것까지 막을 수 있다.

통마늘오븐구이

재료 통마늘, 로즈마리, 소금, 후춧가루, 현미유

1 통마늘은 겉껍질을 벗기고 씻어서 밑동을 자른다.
2 1을 로즈마리, 소금, 후춧가루, 현미유에 재워 둔다.
3 200℃로 예열한 오븐에 20분 정도 굽는다.

가지말이

재료 가지 2개, 어린잎채소 50g, 팽이버섯 50g, 소금·들기름 조금
소스– 다진 풋고추·홍고추 각 1큰술, 쌀조청 1큰술, 진간장 1큰술

1 가지는 길고 가늘게 썰어 소금을 뿌린다.
2 어린잎채소와 팽이버섯은 깨끗이 씻어 물기를 뺀다.
3 분량의 소스 재료를 섞어 소스를 만든다.
4 1의 가지는 물기를 제거한 뒤 팬에 들기름을 두르고 살짝 굽는다.
5 4 위에 어린잎채소와 팽이버섯을 올려 돌돌 만 다음 접시에 담고 소스를 뿌린다.

양파부추김치

재료 양파 5개, 부추 20g, 굵은소금 2큰술, 물 2컵
양념– 고춧가루 4큰술, 멸치액젓 4큰술, 다진 마늘 1큰술, 새우젓 1큰술

1 양파는 껍질을 벗기고 밑부분이 잘리지 않도록 2cm 정도 남기고 칼집을 넣어 8쪽으로 나눠 소금물에 30분 정도 절인다. 이때 칼집을 넣은 부분이 밑으로 가게 둔다.
2 부추는 송송 썬다.
3 분량의 양념 재료를 섞은 뒤 2의 부추를 넣어 버무린다.
4 1의 양파 칼집 사이사이에 3을 채워 넣고, 실온에 3~4시간 두었다가 간이 배면 냉장고에 보관하며 먹는다.

※ 양파를 쉽게 까려면

양파를 잠시 물에 담가 두었다가 꺼내면 껍질을 살짝만 문질러도 손쉽게 벗길 수 있다.
또한 양파의 매운 성분도 물에 녹아 사라져 양파를 깔 때 눈물이 나거나 손이 매운 것도 줄일 수 있다.

※ 양파 활용은 이렇게

- **김치 담글 때**: 젓갈 양념에 양파를 갈아 넣으면 맛과 영양 모두 좋다.
- **불고기 잴 때**: 불고기 양념에 양파와 사과 등을 갈아 넣으면 풍미가 달라진다.
- **튀김 요리할 때**: 조리 후 남은 기름에 양파를 넣어 살짝 튀긴 후 기름을 보관하면 산화가 더뎌진다.
- **저장할 때**: 망에서 꺼내 물기를 말린 후 다시 망에 넣어 햇볕이 들지 않는 서늘한 곳에 매달아 둔다.

고추된장무침

재료 오이맛풋고추 6개, 두부 200g
양념장- 된장 2큰술, 쌀조청 1큰술, 참기름 1큰술, 볶은 참깨, 생강가루

1 오이맛풋고추는 씻은 후 꼭지를 떼고 2cm 길이로 자른다.

* 오이맛풋고추 외에 다른 고추를 써도 좋다.

2 두부는 베 보자기로 싸서 물기를 꼭 짠 뒤 곱게 으깬다.

* 베 보자기는 반드시 물에 적신 후 꼭 짜고 털어 사용한다.
  그래야 내용물이 들러붙지 않고 톡 떨어진다.

3 볼에 양념장 재료를 넣어 섞은 다음 2의 두부를 넣고 다시 잘 섞는다.
4 3에 1의 고추를 버무린다.

단호박스프

재료 단호박 ½개, 양파 ½개, 우유 1~2컵,
현미유(또는 버터) 2큰술, 소금 조금, 물(또는 닭육수) 1컵

1 단호박은 껍질과 속을 제거하고 얇게 썬다.
2 양파는 채 썬다.
3 냄비에 현미유를 두르고 단호박과 양파를 넣고 볶다가 물을 붓고 끓인다.
4 단호박이 익으면 믹서에 넣고 곱게 갈아 냄비에 붓고 끓인다.
5 4가 끓으면 우유를 부어 원하는 농도로 맞추고 소금으로 간한다.

토마토냉스프

재료 완숙토마토 400g, 오이 1개, 양파 ⅓개, 잡곡식빵 1장
양념– 식초 2큰술, 포도씨유(또는 올리브유) 1큰술, 떠먹는요구르트 2큰술, 소금

1 완숙토마토는 윗면에 십자로 칼집을 내어 끓는 물에 살짝 데쳐
  껍질을 벗긴 뒤 잘라 씨를 제거한다.
2 오이는 굵은 소금으로 문질러 씻은 뒤 길게 반 갈라서 씨를 제거한다.
  그러고 나서 잘게 잘라 소금을 뿌려 잠시 두었다 물기가 나오면 꼭 짜낸다.
3 양파는 작게 자르고 찬물에 담가 매운맛을 뺀 다음 물기를 제거한다.
4 믹서에 1, 2, 3과 분량의 양념 재료를 넣고 곱게 간다.
5 4를 냉장고에 넣어 차갑게 해서 먹는다.
  먹을 때 잡곡식빵을 구워 곁들인다.

포도젤리

재료 포도 10알, 포도즙 500g, 한천가루 8g

1 포도를 씻어 알맹이를 4등분한다.
2 냄비에 포도즙, 한천가루를 넣고 저어 가며 한천가루를 녹인다.
3 2를 끓이다 한소끔 끓으면 불에서 내린다.
4 유리컵이나 틀에 1을 넣고 3을 부어
  냉장고에서 1시간 정도 굳힌다.

블루베리연두부스무디

재료 블루베리 1컵, 연두부 300g, 플레인요구르트 2컵, 꿀 조금

1 믹서에 블루베리, 연두부, 플레인요구르트, 꿀을 넣어 곱게 간다.
2 잔에 담아낸다.

항생제 없이 키운 꿀벌들이 만든
한살림 꿀

항생제와 인위적인 농축과정 없이 생산한 100% 자연 그대로의 꿀이다. 탄소동위원소검사 결과 -23.5‰ 이내의 벌꿀로서, 설탕 급여 시 -11~-13‰ 정도의 결과가 나오는 데 비해 -23.5‰ 이하이면 순수한 밀원에서 채취한 벌꿀로 판단한다. 2단 벌통을 사용해 꿀벌의 숫자가 많고, 벌이 아래에서 위로 꿀을 옮기는 과정에서 자체적으로 수분이 조절되기 때문에 인위적으로 열을 가해 농도를 조절하지 않는다. 벌꿀의 함유된 수분함량은 19~20%로 생산한다. 설탕을 혼입하지 않으며 생산량을 늘리기 위해 묽은 벌꿀을 생산하지 않는다.

꿀에는 열에 약한 성분이 포함되어 있어 뜨겁게 먹는 것은 좋지 않다. 찬물이나 미지근한 물을 타서 먹으면 좋고, 다양한 요리에 설탕 대신 이용하면 맛도 좋고 영양 섭취에도 큰 도움이 된다.

수박과일화채

재료 수박, 참외, 참다래, 복숭아 적당량

1 수박은 속을 파고, 껍질은 그릇으로 쓴다.
2 수박 속, 참외, 참다래, 복숭아를 적당한 크기로 썰어 1의 수박 껍질에 담는다.
3 남은 수박 속은 믹서에 갈아 주스로 만들어 얼음과 함께 2에 붓는다.

자연의 흐름에 맞게 충분히 익힌
한살림 과일

제초제, 생장촉진제인 지베렐린과 고독성 농약 등은 전혀 사용하지 않고 제철에 충분히 익혀 수확한다. 자연의 속도로 자라 과육이 단단하고, 껍질째 먹어도 좋다. 유기질 퇴비를 이용하며 친환경 자재인 석회보르도액, 유황합제 등으로 병해충을 방제한다. 표면에 묻은 흰색의 물질은 석회보르드액 때문에 남은 석회 성분으로, 석회보르드액은 과일에 칼슘을 지속적으로 공급함으로써 노화를 지연시키고 경도를 높이는 역할을 하기에 석회 가루를 닦지 않고 공급하고 있다. 식초 몇 방울을 넣은 물에 깨끗이 씻어 껍질째 먹어도 좋다. 포도, 만감류 등의 경우 시설재배(하우스재배)가 허용되나 인위적인 가온은 하지 않는다.

생산자와 소비자가 함께 참여하고
생산과정을 중심으로 확인하는 한살림참여인증

생산·소비의 주체들이 참여하는 인증으로써, 생산공동체는 주체적으로 생산관리하고 조합원은 점검활동에 적극 참여하여 생산과정을 중심으로 함께 살피는, 생산자와 소비자의 상호신뢰를 바탕으로 만들어진 한살림의 독자적인 생산품질관리체계입니다. 기존 친환경인증제도는 안전한 먹거리임을 증명하는데 초점을 두고 각종 검사를 진행한 뒤, 위반할 경우 인증을 취소하는 방식으로 운영되었습니다. 하지만 이같은 방식으로는 생산과정과 모든 생명이 더불어 살아감을 추구하는 한살림 생산자의 마음을 다 담을 수 없었습니다. 한살림참여인증은 생산공동체에서 주체적으로 생산을 관리하고, 생산자-소비자-실무자로 구성된 자주점검단이 농사현장을 방문해 직접 살펴보며 미흡한 부분에 대해서는 함께 개선점을 찾고, 생산자와 소비자가 함께 농업생태계를 살리고, 지속가능한 농업을 일궈가는 한살림만의 새로운 인증제도입니다.

가을에 나오는 한살림 먹을거리

이름	1월	2월	3월	4월	5월	6월	7월	8월	9월	10월	11월	12월	나오는 시기
멥쌀, 찹쌀, 흑미	●●	●●●	●●●	●●●	●●●	●●●	●●●	●●●	▷●●	●●●	●●●	●●	9월~연중 공급
녹미, 적미	●●	●●●	●●●	●●●	●●●	●●●	●●●	●●●	●●●	●●●	▷●●	●●	11월~연중 공급
수수	●●	●●●	●●●	●●●	●●●	●●●	●●●	●●●	●●●	●●●	▷●●	●●	11월~연중 공급
깨	●●	●●●	●●●	●●●	●●●	●●●	●●●	●●●	●●●	▷●●	●●●	●●	10월~연중 공급
풋땅콩									●●●	●●			9월~10월
땅콩	●●	●								▷●●	●●●	●●	10월~1월
갓										▷●●	●●		10월 중~11월 중
아욱	●●	●●●	●●●	●●●	●●●	●●●	●●●	●●●	●●●	●●●	●●●	●●	연중
토란줄기								▷●●	●●●	●●			8월 중~10월 중
늙은호박									▷●●	●●●	●●●	●●	9월 초~12월 말
마	●●	●●●	●							▷●●	●●●	●●	10월 말~3월 말
무	●●	●●●	●●●	●●●	●●●	●●●	●●●	●●●	●●●	●●●	●●●	●●	연중
순무										▷●●	●●		10월 말~11월 말
알토란	●●	●●							▷●●	●●●	●●●	●●	9월 중~2월 말
야콘	●●	●●									▷●●	●●	11월 중~2월 말
연근	●●	●●●	●●●	●●●	●●				▷●●	●●●	●●●	●●	9월 초~5월 말
가지말림	●●	●●●	●								▷●●	●●	11월 초~3월 말
말린아주까리잎	●●	●●●	●								▷●●	●●	11월 초~3월 말
연근말림	●●	●●●	●●●	●●●	●●●	●●●	●●●	●●●	●●●	▷●●	●●●	●●	10월 초~연중 공급
애호박말림	●●	●●●	●								▷●●	●●	11월 초~3월 말
토란줄기말림	●●	●									▷●●	●●	11월 초~2월 중
귤	●●	●									▷●●	●●	10월 말~2월 중
단감	●●	●●●	●●●	●						▷●●	●●●	●●	9월 말~3월 말
홍시용 감										▷●●	●●●	●	10월 초~12월 초
대추									▷●●	●			9월 말~10월 중
건대추	●●	●●●	●								▷●●	●●	11월 중~3월 말
배	●●	●●●	●●●	●				▷●●	●●●	●●●	●●●	●●	8월 말~4월 말
사과	●●	●●●	●●●	●				▷●●	●●●	●●●	●●●	●●	8월 중~4월 말
오미자									▷●●				9월
참다래	●●	●●●	●●●	●●							▷●●	●●	11월 초~5월 말
밤	●●	●●●	●●●	●●●	●●●	●●●	●●●	●	▷●●	●●●	●●●	●●	9월 중~8월 중
호두	●●	●●●	●●●	●●●	●					▷●●	●●●	●●	10월 말~5월 말

가을

선선한 바람이 불고
귀뚜라미 소리가 가을을 알리면
고추도 붉게 물듭니다.
벼 이삭을 때맞춰 거두고
묵나물을 준비합니다.
햇볕과 바람을 받은 곡식과 과일이
깊은 맛을 더하는 가을 먹을거리로
입맛이 살아납니다.

녹미연근밥

재료 녹미 1컵, 백미 2컵, 연근 50g, 물

1 녹미는 깨끗이 씻어 3시간 이상 충분히 불린다.
2 백미는 깨끗이 씻어 30분 정도 불린다.
3 연근은 껍질을 벗기고 적당한 크기로 썬다.
* 연근의 껍질을 얇게 벗긴 후 젓가락을 사용해 구멍 속까지 깨끗이 씻어야 밥에 불순물이 들어가 서걱거리는 느낌이 나지 않는다.
4 녹미, 백미, 연근을 섞어 물을 붓고 밥을 짓는다.

자연과 사람의 손길로
정성껏 유기재배한
한살림 쌀

제초제와 화학비료 없이 우렁이와 투구새우 등 다양한 생물들이 숨 쉬는 논에서 손으로 김을 매며 키웠다. 주문량에 따라 7일 이내에 도정해서 공급하는데 도정과정에서 일반 쌀은 3번 석발, 선별 과정을 거치지만 한살림 쌀은 4~5번의 정선을 거치므로 깨끗하다. 수분함량이 14.5~16%인 쌀이 가장 맛있다고 하는데 한살림 쌀은 저온 보관으로 수분함량 16%를 유지한다. 최고의 맛과 영양을 위해서는 옹기나 밀폐용기에 담아 서늘하고 그늘진 곳에 보관하거나 냉장 보관하는 것이 좋다. 더 건강하고 맛있는 밥을 먹으려면 내 몸에 맞는 잡곡을 넣어 먹는다. 쌀과 잡곡의 비율은 7:3이 가장 이상적이지만 몸이 찬 사람은 따뜻한 성질의 찹쌀, 콩을 늘리고 몸에 열이 많은 사람은 팥과 같이 서늘한 기운의 잡곡을 늘리는 것이 좋다. 잡곡을 먹으면 식량자급과 농업기반 확대에도 도움이 된다.

쌀에는 논의 홍수 조절 기능, 지하수 함양 기능, 대기 정화 기능, 수질 정화 기능, 식물 서식지로서의 기능 등 돈으로 환산할 수 없는 큰 가치가 담겨 있다. 지난 10년 사이 사라진 논은 23만 ha에 달하며, 1980년대 132kg에 달하던 1인당 쌀 소비량은 2013년 67kg까지 떨어졌다. 쌀 한 말(8kg)을 먹으면 논 6평을 지킬 수 있다.

* 국산 잡곡을 먹는 일, 우리 땅을 살리고 나를 살리는 길

현재 잡곡류는 친환경적인 재배기준의 적용은 고사하고 국내산조차 제대로 찾기가 어려울 뿐더러 이러한 상황은 점점 더 악화되고 있다. 한살림에서는 국산 잡곡의 생산 기반을 유지하기 위해 국내산 잡곡을 공급하고 있다. 2001년부터 무농약 잡곡 생산을 계획하여 2003년에 첫선을 보인 이래, 현재 많은 잡곡을 무농약 이상으로 재배해 공급하고 있다.

버섯밥

재료 불린 쌀 2컵, 생표고버섯 3개, 새송이버섯 1개, 만가닥버섯 100g, 팽이버섯 100g, 새우살 100g, 물 2컵
양념장 진간장 2큰술, 참기름 1큰술, 청고추·홍고추 각 ⅓개, 구운 김 1장

1 불린 쌀은 체에 밭쳐 물기를 뺀다. 버섯은 흐르는 물에 재빨리 씻어 얇게 썬다. 새우살은 엷은 소금물에 살짝 씻어 건진다.
2 솥에 불린 쌀, 버섯, 새우살을 넣은 뒤 쌀과 같은 양의 물을 부어 센 불에서 끓인다. 한소끔 끓고 나면 중간 불로 끓이다 밥물이 잦아들면 약한 불에서 뜸을 들인다.
3 분량의 양념장 재료를 섞어 함께 낸다.
* 양념장에 구운 김, 새송이버섯, 양송이버섯, 팽이버섯 등을 잘게 다져 넣으면 덜 짜게 먹을 수 있다.

톳밥

재료 불린 쌀 2컵, 염장 톳 100g, 물 2컵
양념장- 다진 새송이버섯 2~3큰술, 진간장 3큰술, 고춧가루 1작은술, 다진 마늘 1작은술, 볶은 참깨 1작은술, 참기름 1작은술, 후춧가루 조금

1 불린 쌀은 체에 밭쳐 물기를 뺀다.
2 염장 톳은 물에 여러 번 씻어 소금기를 뺀 뒤 적당한 길이로 잘라 준비한다.
3 솥에 불린 쌀과 물을 넣고 끓인다.
4 한소끔 끓고 나면 손질한 톳을 밥 위에 골고루 얹어 끓인다.
5 뜸을 잘 들인 뒤 밥과 톳을 골고루 잘 섞어서 푼다.
6 분량의 양념장 재료를 섞어 밥에 비벼서 먹는다.

🍀 톳을 물에 불릴 때 식초를 약간 넣으면 비린 맛은 사라지고 씹는 맛과 새콤함이 더해져 맛있는 톳 요리를 즐길 수 있다.

버섯전골

재료 – 무 200g, 한우(불고기용) 100g, 새송이버섯 3개, 양송이버섯 3~4개, 목이버섯 2개, 만가닥버섯 300g, 팽이버섯 150g, 느타리버섯 50g, 파 2뿌리, 홍고추 2개
양념장 – 진간장 1큰술, 다진 파 2작은술, 다진 마늘 1작은술, 설탕 1작은술, 참기름 1작은술, 후춧가루 조금
국물 – 조선간장 1큰술, 설탕 ½작은술, 다시마맛국물 3컵

1 새송이버섯은 씻어서 세로로 반을 잘라 얇게 썬다. 양송이버섯은 껍질을 살짝 벗기고 얄팍하게 썬다. 목이버섯은 씻어서 밑동을 떼어 내고 한입 크기로 썬다.
만가닥버섯은 밑동을 잘라 내고 씻어서 한 가닥씩 떼어 낸다.
팽이버섯은 밑동을 잘라 내고 씻어서 물기를 뺀다. 느타리버섯은 결대로 찢는다.
2 소고기는 채 썰어 양념장 1큰술을 넣고 무친다.
3 무는 길이 3cm, 너비 1cm로 얇게 썰어 끓는 물에 소금을 넣고 데쳐서 남은 양념장에 무친다.
4 파와 홍고추는 씻어서 4cm 길이로 잘라 채 썬다.
5 전골냄비에 재료들을 둘러 담는다.
6 끓는 국물을 부어 끓이면서 거품은 걷어 내고 싱거우면 소금으로 간을 맞춘다.

자연의 속도대로 길러 향과 맛이 깊은
한살림 버섯

느타리버섯: 재배기간 중 자주 발생하는 버섯파리나 푸른곰팡이를 방제하기 위한 약품을 뿌리지 않고 기른다.

만가닥버섯: 버섯종균을 자가 채종한다. 송이과의 버섯으로 재배기간이 길어 조직이 치밀하고 단단하여 잘 부서지지 않는다. 볶음이나 냉채, 찌개 등 다양한 요리로 이용한다.

목이버섯: 버섯이 자라는 땅인 배지를 직접 제조하며, 자체 배양한 종균을 무농약 재배한다. 버섯 중 식이섬유소가 가장 많다.

새송이버섯: 뽀드득한 식감이 좋으며 수분과 섬유소가 풍부하다. 저온(12~13℃)에서 재배하므로 생육 기간은 좀 길지만 육질이 단단하다.

양송이버섯: 백색과 갈색 두 종류로 재배되며, 볏짚과 닭똥 등을 섞어 발효한 것을 접종해 배양한다. 식이섬유소와 비타민D가 풍부해 혈관 건강에 도움을 준다.

표고버섯: 참나무 원목을 뚫은 자리에 종균을 심어 재배하며, 농약을 사용하지 않고 달팽이를 일일이 손으로 잡으며 재배한다.

팽이버섯: 결이 얇아 어떤 요리에든 잘 어울린다. 산지에서 배지를 자가 제조하며, 종균을 자체 이식 배양한다.

마른새우아욱국

재료 아욱 300g, 마른 새우 50g, 파 ½뿌리, 된장 3큰술, 고춧가루 1작은술, 다진 마늘 1작은술, 소금 조금, 쌀뜨물 5컵

1 아욱 줄기의 거친 껍질을 벗기고 적당한 길이로 잘라 손으로 비벼 씻는다.
2 끓는 물에 소금을 넣고 1을 데쳐 찬물에 헹궈 물기를 짠다. 적당한 길이로 썰어 된장, 고춧가루, 다진 마늘을 넣고 조물조물 무친다.
3 마른 새우는 마른 팬에 볶고 체에 담아 흔들어 가루를 떨어낸다.
4 파는 어슷하게 썬다.
5 냄비에 쌀뜨물이 끓으면 2의 아욱과 마른 새우, 파를 넣고 끓인다.

아욱된장수제비

재료 아욱 300g, 감자 2개, 부추 10줄기, 대파 1뿌리
수제비 반죽 – 밀가루 2컵, 소금 ½작은술, 물 ⅔컵
국물 – 국물멸치 50g, 다시마(10×10cm) 2개, 된장 3큰술, 고추장 1큰술, 물(또는 쌀뜨물) 10컵

1 밀가루에 소금을 넣고 잘 섞은 뒤 물을 부어 수제비 반죽을 한다.
   잘 치댄 반죽은 비닐에 넣어 30분 정도 숙성시킨다.
2 감자는 반달 모양으로 썰고, 부추는 4~5cm 길이로 썬다. 대파는 어슷하게 썬다.
3 아욱은 질긴 껍질을 벗겨 손으로 바락바락 주물러 찬물에 헹궈 풋내를 제거한다.
4 찬물에 멸치와 다시마를 넣고 10분간 끓인 뒤 멸치와 다시마는 건져 내고
   된장과 고추장을 풀어 국물 맛을 낸다.
5 4에 아욱, 감자를 넣고 한소끔 끓으면 1의 반죽을 손으로 떼어 넣는다.
6 마지막에 부추, 대파를 넣고 끓여서 담아낸다.

수수샐러드

재료 수수 1컵, 양파 1개, 참외 1개, 사과 ½개, 어린잎채소 100g, 소금
양념– 참기름 3큰술, 식초 2큰술, 진간장 2큰술, 설탕 1½큰술, 소금 ⅓작은술, 후춧가루 조금

1 수수를 물에 불려 놓았다가 소금을 조금 넣고 익을 때까지 삶는다.
* 수수 외에 율무, 보리를 쓰거나 함께 섞어도 좋다.
2 양파는 껍질을 벗기고, 참외와 사과는 껍질째로 0.5cm 크기로 썬다.
* 오이, 파프리카 등 다양한 색깔의 제철 채소를 활용해도 좋다.
3 어린잎채소는 찬물에 담가 둔다.
4 분량의 양념 재료를 섞어 둔다.
5 1의 수수는 체에 넣어서 찬물에 헹구고, 어린잎채소는 물기를 쏙 뺀다.
6 볼에 수수, 양파, 참외, 사과를 넣고 양념에 버무린다.
7 6을 그릇에 담고 어린잎채소를 얹어 낸다.

단감샐러드

재료 단감 2개, 무 20g, 미나리 10줄기, 호두 20g, 소금 조금
소스 – 식초 2큰술, 매실청 1큰술

1 단감은 껍질을 벗겨 채 썬다.
2 무는 채 썰어 소금에 절인다.
3 미나리는 3cm 길이로 자른다.
4 호두는 팬에 살짝 볶아서 굵게 다진다.
5 2의 무를 꼭 짜서 단감, 미나리와 섞는다.
6 5에 소스를 붓고 젓가락으로 살살 섞어서 냉장고에 차갑게 둔다.
7 접시에 담고 다진 호두를 뿌려 낸다.

꽁치우거지조림

재료 꽁치 3마리, 배추 겉잎 10장, 양파 1개, 대파 1뿌리, 소금 조금, 다시마맛국물 2컵
양념장– 고춧가루 3큰술, 조선간장 2큰술, 청주 2큰술, 쌀조청 1큰술, 다진 마늘 2작은술, 다진 생강 1작은술, 후춧가루 조금, 다시마맛국물 ½컵

1 꽁치는 씻어 소금을 뿌려 10분간 절인다.
2 배춧잎은 끓는 물에 데친 뒤 찬물에 헹궈 물기를 꼭 짜 우거지를 만든다.
　양파는 껍질을 벗기고 1cm 두께로 썬다. 대파는 어슷하게 썬다.
3 분량의 양념장 재료를 섞어 둔다.
4 냄비에 2의 우거지와 양파를 깔고 그 위에 1의 꽁치를 올린다.
　양념장을 듬뿍 끼얹고 다시마맛국물을 부은 뒤 뚜껑을 덮고 중간 불에서 끓인다.
5 국물이 자작하게 졸아들면 준비한 대파를 올리고 국물을 끼얹으며 윤기나게 조린다.

가자미조림

재료 가자미 2마리, 감자(중간 크기) 3개, 양파 ½개, 대파 ¼뿌리
양념장 – 진간장 3큰술, 고춧가루 2큰술, 설탕·쌀조청·청주 각 1큰술, 다진 마늘 ½큰술, 후춧가루 조금, 물 1½컵

1 가자미는 비늘을 제거하고 깨끗이 씻는다.
2 감자는 껍질을 벗긴 다음 1cm 두께로 썰어 찬물에 담가 둔다.
3 양파는 도톰하게 썰고, 대파는 어슷썰기 한다.
4 분량의 양념장 재료를 섞어 둔다.
5 감자를 냄비 바닥에 깔고 양념장을 넣어 한소끔 끓이다가 가자미와 양파를 넣고 조린다.
6 국물이 거의 졸아들면 대파를 넣고 살짝 더 조린 뒤 불을 끈다.

※ **생선 해동은 이렇게**

냉동 생선을 녹일 때는 서서히 녹여야 맛과 살이 유지된다. 전자레인지에서 갑자기 해동하지 말고 찬물에서 자연 해동해야 살이 부서지지 않는다. 미리 냉장실에 옮겨 놓아 자연스럽게 해동하는 것이 가장 좋은 방법이다. 프라이팬을 뜨겁게 달군 뒤 생선을 올리고 약한 불로 구우면 부서지지 않고 잘 구워지며 담백한 생선을 먹을 수 있다.

전어구이

재료 전어 3마리, 굵은소금

1 전어는 가위로 지느러미와 꼬리를 자르고
  칼등으로 비늘을 벗긴 뒤 깨끗이 씻어서 준비한다.
2 전어 등에 칼집을 넣고 굵은소금을 뿌려 놓는다.
3 달군 팬이나 석쇠에 손질한 전어를 올려 굽는다.
  칼집을 넣은 부분으로 익은 정도를 확인한다.
* 전어는 기름기가 많은 생선이기 때문에 따로 기름을 두르지 않아도 된다.

방사성물질 걱정 없이 안전한
한살림 수산물

항생물질, 염산 색소 등을 사용하여 인공 양식한 수산물은 취급하지 않으며 매월 방사성물질 검사 결과를 빠짐없이 공개한다. 국내산이 없는 명태 외에는 수입산 수산물을 취급하지 않는다. 생선별로 가장 맛있고 많이 잡히는 제철에 1년 예상 소비량을 산지 공판장에서 중개인을 통해 일괄 구입하여 냉동 창고에 위탁 보관하다가 필요한 양만큼 꺼내 포장한다. 주문량대로 포장해 최대한 신선한 상태로 공급한다.

* 제철 재료에 소금만 더한 한살림 젓갈
방부제, 발색제, 화학조미료 등의 식품첨가물을 전혀 사용하지 않는다. 젓갈의 맛과 염도를 유지하는 데 결정적인 소금은 질 좋은 한살림 천일염을 사용한다. 제철에 잡은 싱싱한 재료의 불순물을 일일이 제거하며, 주문에 의한 소량 생산을 하기 때문에 정성스러운 손맛이 느껴진다.

야콘물김치

재료 야콘 2개, 배추 속잎 3장, 무 100g, 미나리 10줄기, 쪽파 2뿌리, 단감 1개, 마늘 5쪽, 새우젓국물 1큰술, 소금, 물 2ℓ

1 야콘은 껍질을 벗기고 얄팍하게 썬다.
2 배추, 무, 미나리, 쪽파, 단감을 야콘과 비슷한 크기로 썬다. 마늘도 편으로 얇게 썬다.
3 준비한 재료를 넣고 소금물(수돗물일 경우 소금을 넣고 끓여서 식힌 것)을 붓는다.
4 3에 새우젓국물을 넣는다.
5 따뜻한 곳에 하루 정도 두었다가 먹는다.

야콘은 수분이 많고 시원한 단맛이 돌며 수확 후에 단맛이 점점 더해지는 후숙작물로, 칼로리가 낮고 섬유질을 많이 함유하고 있다. 김장할 때 야콘을 큼지막하게 썰어 배추김치 포기 사이사이에 넣어 두었다가 알맞게 맛이 들었을 때 섞박지처럼 꺼내 먹으면 좋으며, 동치미를 만들 때 넣으면 국물 맛이 시원해진다. 또 과일처럼 껍질을 벗겨 생으로 먹거나 즙을 내어 마셔도 좋고, 고기를 먹을 때 함께 구우면 지방이 탄화되어 느끼한 맛을 없애 준다.

단감고추장장아찌

재료 단감 말린 것 200g, 고추장·청주 각 2큰술, 쌀조청 1큰술, 액젓 2작은술, 볶은 참깨

1 볼에 고추장, 청주, 쌀조청, 액젓을 넣고 고루 섞는다.
2 1에 단감 말린 것을 넣고 조물조물 무친 뒤 볶은 참깨를 뿌려 낸다.

* 단감은 껍질을 벗긴 뒤 얄팍하게 썰어 옅은 소금물에
   잠시 담갔다가 햇볕 좋은 곳에서 하루 정도 말린다.

배양파깍두기

재료 배 1개, 양파 2개, 고춧가루 1큰술, 새우젓 1큰술, 설탕·소금·다진 마늘 각 1작은술

1 배와 양파는 껍질을 벗기고 깍둑썰기 한다.
2 1에 고춧가루, 설탕, 소금, 다진 마늘을 넣어 섞는다.
3 새우젓을 다져 2에 넣고 버무린 뒤 밀폐용기에 담아 냉장 보관하며 먹는다.

배생채

재료 배 1개, 부추 8줄기
양념 - 고춧가루 1큰술, 새우젓 1큰술, 다진 파 2작은술, 다진 마늘 1작은술, 볶은 참깨 1작은술

1 배는 껍질을 벗겨 굵게 채 썬다.
2 부추는 깨끗이 씻어 2cm 길이로 썬다.
3 새우젓은 칼로 다진다.
4 볼에 1, 2, 3과 나머지 양념을 넣고 살살 버무린다.

사과또띠아피자

재료 사과 1개, 우리밀또띠아 2장, 피자치즈 1컵, 계핏가루, 꿀(또는 사과잼), 다진 대추

1 사과는 깨끗하게 씻어 껍질째 얄팍하게 썬다.
2 우리밀또띠아에 꿀을 얇게 고루 펴 바르고 피자치즈를 뿌린 뒤 사과를 얹는다.
3 2에 다진 대추, 계핏가루를 뿌린다.
4 200℃로 예열한 오븐에 10분 정도 굽는다.

※ 사과 보관은 이렇게

씻지 말고 비닐에 싸서 냉장 보관한다. 비닐에 싸서 보관하지 않으면 에틸렌이란 성분 때문에 다른 과일을 시들게 하고 맛없게 만들기도 한다.

우리 땅에서 농약 없이 기른
한살림 우리밀

우리밀은 겨울 작물로 늦가을에 씨를 뿌려 초여름에 수확하므로 농약을 사용하지 않는다. 시중에서 사 먹는 밀가루 대부분은 외국에서 수입한 밀로 만든 데 비해 우리 땅에서 난 우리밀은 가까운 먹을거리로 맛과 영양이 뛰어날 뿐 아니라 식량주권을 지켜간다는 점에서 큰 의의가 있다. 1984년 정부에서 밀 수매제도를 폐지한 뒤 멸종 위기에 처한 우리밀을 살리기 위해 한살림은 1988년부터 밀 씨앗을 구하고 재배지를 찾아 우리밀 살리기운동을 시작했다. 여전히 우리밀 자급률은 1% 남짓하지만 한살림에서는 우리밀로 만든 밀가루, 국수, 라면, 빵, 만두, 또띠아, 과자 등을 구할 수 있다.

겨울에 나오는 한살림 먹을거리

이름	1월	2월	3월	4월	5월	6월	7월	8월	9월	10월	11월	12월	나오는 시기
쌀(백미, 햅쌀, 흑미, 쌀보리)	▷●●	●●	●●	●●	●●	●●	●●	●●	●●	●●	●●	●●	1월~연중 공급
기장, 녹두, 율무, 차조	●●	●●	●●	●●	●●	●●	●●	●●	●●	●●	●●	▷●●	12월~연중 공급
콩, 팥	●●	●●	●●	●●	●●	●●	●●	●●	●●	●●	●●	▷●●	12월~연중 공급
찰옥수수쌀	●●	●●	●●	●●	●●	●●	●●	●●	●●	●●	●●	▷●●	12월~연중 공급
봄동	●●	●●	●●	●●								▷●	12월 중~3월 초
배추	●●	●●	●●	●●	▷●	●●			●●	●●	●●	●●	5월 중~2월 말(7월~10월 초 중단)
월동배추	●●	●●										▷	12월 말~2월 말
쑥갓	●●	●●	●●	●●	●●	●●	●●	●●	●●	●●	●●	●●	연중
유채나물	●●	●●										▷●	12월 초~2월 중
한재미나리	●●	●●	●●	●●	●●	●●					▷●	●●	10월 말~6월 초
고구마	●●	●●	●●	●●					▷●	●●	●●	●●	9월 초~4월 중
자색고구마										▷●	●●		10월 중~11월
호박고구마	●●									▷●	●●	●●	10월 중~1월
겨울감자/조림용		▷●	●●	●●									2월 초~4월 중
당근	●●	●●	●●	●●	●●	●●	●●	●●	●●	●●	●●	●●	연중
우엉	●●	●●	●●	●●	●●	●●	●●	●●	●●	●●	●●	●●	연중
울금	●●									▷●	●●	●●	11월 초~1월 말
월동무	●●	●●	●●	●●	●●							▷	12월 말~5월 초
콜라비	●●	●●	●●	●●							▷●	●●	12월 초~4월 중
무말림	●●	●●	●●	●●	●●	●●	●●	●●	●●	●●	▷●	●●	12월 초~11월 말
무시래기	●●	●●	●●								▷●	●●	12월 초~3월 말
참취나물말림	●●	●●	●●								▷●	●●	12월 초~3월 말
감말랭이	●												1월 말
곶감(고종시)	●●	●●	●●									▷	12월 말~3월 말
감귤/비가림		●●	●●	●●									2월 초~3월 말
금귤		●●	●●	●●	●●								2월 초~4월 중
레몬	▷●	●●	●●										1월 중~3월 말
유자										▷●	●		11월
은행	●●	●●									▷●	●●	11월 말~2월 말

겨울

겨울에 눈이 많이 오고 날씨가 추우면
풍년이 들 징조라고 여겼습니다.
본격적인 추위가 시작되면
농부들은 내년 농사를 계획하고,
씨앗을 갈무리합니다.
든든한 뿌리채소와 갈무리해 둔
나물로 만든 국물요리가
몸을 덥힙니다.

뿌리채소영양밥

재료 불린 쌀 3컵, 우엉(10cm) 1개, 연근 ¼개, 당근 ⅛개, 고구마 ½개, 양송이버섯 2~3개, 다시마(5×5cm) 1개, 물 3컵
양념장 – 양송이버섯 2~3개, 진간장 3큰술, 고춧가루 1작은술, 다진 마늘 1작은술, 볶은 참깨 1작은술, 참기름 1작은술, 후춧가루

1 쌀은 씻어 30분 이상 불리고 소쿠리에 밭쳐 물을 빼 놓는다.
2 우엉, 연근, 당근, 고구마, 양송이버섯, 다시마는 잘게 썰어 준비한다.
3 솥에 쌀과 2를 넣고 물을 부어 밥을 한다.
4 양념장 재료 중 양송이버섯은 다지고 나머지와 섞어서 양념장을 만든다.
5 밥에 양념장을 넣고 비벼 먹는다.

굴무밥

재료 불린 쌀 2컵, 생굴 200g, 월동무 200g, 소금, 물 2컵
달래간장– 달래 3줄기, 청양고추 ½개, 진간장 2큰술, 참기름 1큰술, 볶은 참깨 ½큰술, 다시마맛국물 2큰술

1 굴은 소금물에 살살 씻으면서 껍질을 제거하고 헹군 뒤 물기를 뺀다.
2 무는 채 썬 뒤 소금을 조금 뿌려 두었다가 물기를 짠다.
3 솥에 불린 쌀과 물을 부어 센 불에서 끓인다. 끓으면 중간 불로 줄인 뒤 무를 고루 얹고, 밥 익는 냄새가 나면 약한 불로 줄인 뒤 굴을 올려 뜸을 들인다.
4 달래는 잘게 자르고 청양고추는 다져 나머지 재료와 섞어 달래간장을 만든다.
5 3이 뜸이 들면 굴과 무를 잘 섞어 그릇에 담고, 달래간장을 곁들여 낸다.

굴국밥

재료 굴 300g, 식은 밥 2공기, 무 100g, 부추 10줄기, 대파 ½뿌리, 풋고추 1개, 홍고추 1개, 새우젓 1큰술, 다진 마늘 ½큰술, 마른미역 2g, 소금, 멸치다시마맛국물 6컵

1 굴은 소금물에 담가 살살 흔들어 씻은 뒤 물에 헹궈 체에 밭친다.
2 미역은 물에 담가 불린다. 무는 굵게 채 썰고, 부추는 3~4㎝ 길이로 썬다. 대파와 고추는 어슷하게 썬다.
3 냄비에 멸치다시마맛국물을 붓고 채 썬 무와 새우젓을 넣어 끓인다.
4 무가 투명하게 익으면 1의 굴과 2의 미역을 넣어 한소끔 끓인다. 부추, 대파, 풋고추, 홍고추를 넣고 다진 마늘, 소금으로 간한다.
* 굴은 오래 끓이면 질겨지므로 한소끔만 끓인다.
5 뚝배기에 식은 밥을 담고 4의 굴국을 부어 낸다.

얼큰소고기뭇국

재료 한우(국거리용) 300g, 무 ½개, 콩나물(또는 숙주) 200g, 대파 2뿌리, 고춧가루 2큰술, 다진 마늘 2큰술, 조선간장 2큰술, 참기름 1큰술, 소금, 후춧가루, 물 7~8컵

1 소고기는 종이행주로 눌러 핏물을 제거하고, 적당한 크기로 썬다.
2 무는 나박나박 썰거나 숭덩숭덩 썰어서 준비한다.
3 콩나물은 씻어 놓고 대파는 어슷하게 썬다.
4 냄비에 참기름을 두르고 소고기와 무를 넣어 볶다가 고춧가루, 조선간장을 넣고 볶는다.
5 4에 물을 부은 다음 콩나물을 넣고 한소끔 끓인다.
6 5에 다진 마늘과 대파를 넣고 끓이다 부족한 간은 소금, 후춧가루로 간한다.

들깨시래깃국

재료 삶은 무시래기 200g, 대파 1뿌리, 들깻가루 3큰술, 된장 3큰술, 고춧가루 1큰술, 다진 마늘 1큰술, 홍고추 1개, 소금, 들기름, 멸치다시마맛국물 7~8컵

1 삶은 무시래기는 얇은 껍질을 벗긴 뒤 찬물에 여러 번 헹궈 물기를 꼭 짠 뒤 3cm 길이로 썬다.
2 대파, 홍고추는 어슷하게 채 썬다.
3 손질한 1의 시래기에 들깻가루, 된장, 고춧가루, 다진 마늘을 넣어 조물조물 무친다.
4 냄비에 들기름을 두르고 3의 밑간한 시래기를 달달 볶다가 멸치다시마맛국물을 부어서 끓인다.
5 4의 맛이 충분하게 우러나면 홍고추, 대파 썬 것을 넣고
   한소끔 더 끓여 부족한 간은 소금으로 한다.

🥄 무시래기는 무청을 데쳐서 햇볕에 깨끗하게 말린 것이다.
된장과 함께 나물로 무쳐 먹어도 좋고, 국이나 탕을 끓일 때 넣어도 좋다.

※ 겨울에 더 유용한 채소 갈무리

대파 줄기는 어슷어슷 썰어 냉동 보관하면 좋다. 뿌리는 잘라 흙을 잘 씻어 채반에 널어 말린다. 마르면 지퍼백에 담아 냉동 보관하다 국물을 낼 때 넣으면 국물이 훨씬 시원해진다. 기침이 잦을 때 끓여 먹어도 효과가 좋다.
무시래기, 배추 말린 것은 사용할 때 다시 삶아야 하는 번거로움이 있어 삶아 냉동하면 좋다.
냉동 보관할 땐 물은 조금 넣는다. 수분 없이 냉동실에 넣으면 질겨져서 먹기 불편하다.
당근은 주로 이용하는 요리에 맞게 썰어 냉동 보관하면 좋다. 냉동 보관할 때 팩을 납작하게 하면
나중에 사용하기 편리하고 부피도 줄일 수 있다.

맑은대구탕

재료 대구(토막 낸 것) 400g, 두부 200g, 배춧잎 4장, 대파 1뿌리, 미나리 10줄기, 다진 마늘 1큰술, 조선간장 1큰술, 청주 1큰술, 소금, 멸치맛국물 5~6컵

1 깨끗이 씻은 대구에 끓는 물을 살짝 끼얹어 표면의 끈적임과 비린내를 제거한다.
2 두부는 1cm 두께로 썰고 배춧잎, 대파, 미나리는 5cm 길이로 썬다.
3 냄비에 멸치맛국물과 조선간장을 넣고 한소끔 끓인 뒤 1의 대구와 청주를 넣고 끓인다.
* 맑은 국물을 내려면 수시로 거품을 걷어 낸다.
4 3에 두부, 배춧잎, 다진 마늘, 파를 넣고 끓이다 소금으로 간한다.
5 불을 끄고 미나리를 넣는다.

대구는 8월~12월, 12월~1월 사이에 동해, 남해, 서해 연안에서 잡히며 지역과 계절에 따라 크기와 가격이 제각각이다.

바지락배추전골

재료 배춧잎 10장, 파 2뿌리, 팽이버섯 1개, 마늘 3쪽, 홍고추 1개, 새우젓 1큰술, 조선간장 ½큰술, 소금 조금
맛국물– 자연산 참바지락 350g, 다시마(5×5cm) 4장, 청양고추 2개, 물 5~6컵

1 바지락은 해감한 뒤 껍질을 비벼 가며 헹군다.
2 냄비에 맛국물 재료를 넣고 끓인 뒤 국물과 바지락을 분리해 놓는다.
3 배춧잎은 길게 반으로 가른 뒤 5cm 너비로 썰고, 파는 반으로 갈라 5cm 길이로 썬다.
4 팽이버섯은 밑동을 제거한다. 마늘은 얇게 편 썰고, 홍고추는 어슷하게 썬다.
5 전골냄비에 배추, 파, 팽이버섯, 국물을 낸 바지락을 돌려 담고 마늘과 홍고추를 올린다.
6 5에 2의 국물을 붓고 새우젓, 조선간장으로 간한다.
7 센 불에서 바글바글 끓어오르면 중간 불로 줄여 국자로 국물을 끼얹어 가며 먹는다. 간이 부족하면 소금을 더한다.

※ 자연산 참바지락으로 맛국물 내는 법

① 볼에 물 5컵과 소금 2작은술을 넣은 뒤 바지락을 넣고 검은 비닐을 덮어 30분간 해감한다.
② 바지락을 비벼 가며 씻은 뒤 흐르는 물에 2~3회 헹군다.
③ 냄비에 재료를 모두 넣고 센 불에서 바글바글 끓어오르면 약한 불로 줄인 뒤 10분간 끓인다.
④ 3을 체에 걸러 국물을 만들고 바지락은 건져 둔다(끓이는 중간에 생기는 거품은 숟가락이나 고운체로 걷어 낸다. 최종 국물량은 4½컵이며 부족할 경우 물을 더한다).

구운뿌리채소샐러드

재료 연근 200g, 우엉 150g, 감자 2개, 어린잎채소 50g, 소금, 식초, 후춧가루, 현미유
유자된장소스 - 배 ¼개, 된장 3큰술, 식초 3큰술, 유자청 3큰술

1 연근, 우엉은 깨끗이 씻고 껍질째 굵고 어슷하게 썰어 끓는 물에 식초를 조금 넣고 데친다.
* 연근을 소금물이나 식촛물에 잠깐 담그거나 데치면 떫은맛이 제거된다.
2 감자는 깨끗이 씻고 껍질째 굵게 깍둑썰기 하여 끓는 물에 식초를 조금 넣고 데친다.
3 달군 팬에 기름을 두르고 1, 2를 넣은 뒤 소금, 후춧가루로 밑간해 바삭하게 구워 접시에 어린잎채소와 함께 담는다.
4 분량의 소스 재료를 믹서에 갈아서 만든 유자된장소스를 곁들여 낸다.

연근토란조림

재료 연근 200g, 알토란 200g, 당근 ½개,
표고버섯 3개, 풋고추 4개, 다시마(5×5cm) 2장, 참기름, 소금, 물 1컵, 쌀뜨물
조림장- 진간장 3½큰술, 쌀조청 2큰술, 청주 2큰술, 설탕 1큰술

1 연근은 껍질을 벗기고 돌려 가며 삼각지게 썬 뒤 소금물이나 식촛물에 잠깐 담가 둔다.
2 알토란은 껍질을 얇게 벗기고 소금물에 씻은 뒤 끓는 쌀뜨물에 데쳐 낸다.
* 알토란은 손이 아릴 수 있으니 면장갑을 끼고 손질한다.
3 당근과 2의 토란은 연근 크기로 썰고, 표고버섯은 크기에 따라 2등분 또는 4등분한다.
4 풋고추는 꼭지를 떼어 내고 반으로 썬다.
5 냄비에 다시마와 연근, 토란, 당근, 표고버섯을 넣고 물을 부어 끓인다.
6 5에 조림장을 넣고 은근한 불에서 조린다.
7 채소에 윤기가 나면 풋고추를 넣어 살짝 더 조린 뒤 참기름을 뿌린다.

우엉당근조림

재료 우엉 150g, 당근 ½개, 들기름 2큰술, 쌀조청 2큰술, 진간장 2큰술, 볶은 참깨, 참기름

1 우엉은 껍질을 칼등으로 벗기고 어슷하게 채 썬다.
2 당근도 어슷하게 채 썬다.
3 프라이팬에 들기름을 두르고 우엉 채를 무르게 익을 정도로 볶는다.
4 3에 당근 채를 넣고 볶는다.
5 4에 진간장을 넣고 볶다가 쌀조청을 넣고 더 볶는다.
6 불을 끄고 참기름, 볶은 참깨를 뿌린다.

※ 우엉 손질과 활용은 이렇게

우엉의 감칠맛은 껍질에서 나기 때문에 깨끗이 씻어 칼등으로 살짝 긁어내는 정도로 가볍게 손질하는 것이 좋다. 우엉은 기름에 볶으면 단맛이 강해지며, 육류나 생선 요리에 사용하면 잡냄새를 없애고 음식의 풍미를 높인다.

소고기우엉말이

재료 한우(불고기용) 200g, 우엉 150g, 현미유
고기양념– 진간장 1큰술, 설탕 1큰술, 청주 1큰술, 참기름 ½큰술, 다진 마늘 ½작은술, 후춧가루
조림장– 설탕 2큰술, 간장 1½큰술, 청주 1큰술, 물 3큰술

1 고기는 종이행주로 눌러 핏물을 제거한 뒤 분량의 양념으로 조물조물 무쳐서 30분 정도 재워 둔다.
2 우엉은 깨끗이 씻어서 칼등으로 껍질을 제거한 뒤 길이는 7cm, 두께는 손가락 굵기 정도로 썬다.
3 1의 고기를 넓게 편 뒤 썰어 놓은 우엉을 올려 돌돌 만다.
4 팬에 현미유를 두르고 3을 올려 중간 불에서 굴려 가면서 익힌다.
5 4가 익으면 섞어 둔 조림장을 끼얹어 가며 중간 불에서 조리다가 뚜껑을 덮어 잠시 익히고, 다시 뚜껑을 열고 윤기나게 조린다.

콩나물코다리찜

재료 콩나물 300g, 코다리 2마리, 양파 1개, 미나리 100g, 대파 1뿌리, 청양고추 1개, 홍고추 1개, 녹말물, 볶은 참깨, 콩나물 삶은 물 ½컵
양념장– 고춧가루 3큰술, 진간장 3큰술, 다진 마늘 2큰술, 다진 파 2큰술, 설탕 1큰술, 쌀조청 1큰술, 청주 1큰술, 참기름 1작은술, 후춧가루 조금

1 콩나물은 삶아서 건져 찬물에 헹궈 놓는다.
2 코다리는 가위로 지느러미, 꼬리를 잘라 깨끗하게 손질하여 먹기 좋게 4~5토막으로 자른다.
3 양파는 큼직하게 채 썰고, 미나리는 4cm 길이로 자른다. 대파와 고추는 어슷하게 썬다.
4 분량의 양념장 재료를 섞어 둔다.
5 코다리를 양념장의 반에 버무려 재워 놓는다.
6 팬에 양파를 깔고 5의 코다리를 얹은 뒤 콩나물 삶은 물을 부어 뚜껑을 덮고 중간 불에서 찐다.
7 남은 양념장에 콩나물과 미나리를 버무려 6의 코다리 위에 올리고 그 위에 대파, 고추를 얹고 뚜껑을 덮어 살짝 찐다.
8 7에 녹말물을 넣고 잘 섞은 뒤 접시에 담고 볶은 참깨를 뿌려 낸다.
＊ 녹말물은 녹말과 물의 비율을 1:1로 하여 잘 섞으면 된다.

문어미역초무침

재료 삶은 문어 100g, 오이 ½개, 청고추·홍고추 각 1개, 마른미역 5g
양념장— 식초 1½큰술, 설탕 1큰술, 진간장 1큰술, 청주 1큰술, 다진 마늘 1작은술, 소금 조금

1 삶은 문어를 먹기 좋게 자른다.
2 오이는 길이로 반을 잘라 어슷썰기 한다. 고추도 어슷썰기 하고, 미역은 잘게 잘라 불렸다가 체에 받쳐 물기를 뺀다.
3 볼에 분량의 양념장 재료를 모두 넣고 문어, 오이, 고추, 미역을 넣어 조물조물 무친다.

배추전

재료 배춧잎 5장, 청고추 1개, 홍고추 1개, 들기름, 현미유
반죽 부침가루 1컵, 녹말가루 3큰술, 쌀가루 1큰술, 조선간장 1큰술, 다시마맛국물 1½컵

1 배춧잎의 두꺼운 심 부분은 칼등이나 방망이로 두들겨 준비한다.
2 반죽 재료를 섞고 여기에 청고추와 홍고추를 다져 넣는다.
3 배춧잎에 2의 반죽을 입힌다.
4 달군 팬에 들기름과 현미유를 섞어 두른 뒤 3의 배춧잎을 노릇노릇하게 굽는다.
* 현미유를 먼저 팬에 두르고 그 위에 들기름을 조금 부어서 전을 굽는다.

※ 배추 보관은 이렇게

배추는 세워서 보관한다. 배추처럼 땅에 서서 자라던 채소를 눕혀 보관하면 채소 내부에서 원래 위치대로 일어서려는 작용이 일어나기 때문에, 당분인 아미노산 소모가 늘어나 맛도 떨어지고 시들어 버린다.

연근감자전

재료 연근 ½개, 감자 2개, 홍고추 1개, 밀가루 3~4큰술,
녹말가루 2큰술, 소금, 식초, 후춧가루, 현미유

1 연근은 껍질을 깎고 0.2cm 두께로 동글동글 썰어 식초를 탄 물에 담가 둔다.
2 감자는 껍질을 깎아 강판에 갈아 두고, 홍고추는 다진다.
3 2의 감자에 밀가루와 녹말가루를 넣고 섞은 뒤 소금, 후춧가루로 간한다.
4 팬에 현미유를 두르고 3의 반죽을 한 숟가락씩 올린 뒤 1의 연근을 그 위에 올린다.
5 다진 홍고추로 장식해 노릇하게 지진다.

고구마찹쌀전

재료 밤고구마 300g(중간 크기 3개), 찹쌀가루 ½컵, 설탕 1큰술, 검은깨·현미유 조금, 물

1 고구마는 삶아서 껍질을 벗기고, 뜨거울 때 설탕을 넣어 포크로 완전히 으깬다.
2 1에 찹쌀가루와 물을 넣고 반죽한다.
* 고구마의 당도와 수분에 따라 설탕과 물의 양을 조절한다.
3 2를 동그랗게 빚어 검은깨로 장식한다.
4 달군 팬에 현미유를 두르고 약한 불에서 3을 앞뒤로 노릇하게 굽는다.

팥양갱

재료 팥 ½컵, 쌀조청 ½컵, 삶은 밤 5톨, 한천가루 1작은술, 소금 ¼작은술, 물 2컵

1 깨끗이 씻은 팥을 일은 뒤 물을 붓고 끓이다,
처음 우러난 물은 버리고 다시 팥 양의 3배 되는 물을 붓고 푹 삶는다.
2 1에 쌀조청과 소금을 넣고 물기가 거의 없어질 때까지 조린다.
3 다른 냄비에 물과 한천가루를 넣어 잘 녹인다.
4 3에 2를 넣고 삶은 밤을 다져서 넣은 뒤 잘 저어 가며 끓인다.
5 네모난 틀에 부어 냉장고에서 굳혀 낸다.

언제나 맛있게

사철 밥상

매일매일 무엇을 먹을까 고민될 때,
구하기 쉽고 맛도 좋은 먹을거리로
요리해 보세요.
가장 흔한 게 가장 귀한 것이니까요.

양파덮밥

재료 밥 2공기, 양파 2개, 마늘 2~3쪽, 맛간장 2큰술, 고춧가루 1큰술, 쌀조청 1큰술, 참기름 1큰술, 볶은 참깨·소금·현미유 조금

1 양파는 채 썰고, 마늘은 편으로 썬다.
2 프라이팬에 현미유를 두르고 마늘을 달달 볶다가 양파를 넣고 함께 볶는다.
3 2에 소금, 간장, 고춧가루를 넣고 볶다가 쌀조청과 참기름을 넣는다.
4 따뜻한 밥에 3을 얹고 볶은 참깨를 뿌려 낸다.

마늘볶음밥

재료 밥 3공기, 깐 마늘 15쪽, 대파 1뿌리, 소금, 현미유

1 마늘은 편으로 썬다.
2 프라이팬에 현미유를 넉넉히 두르고 1을 넣어 볶는다.
3 2에 밥을 넣고 함께 볶는다.
* 기름을 조금 더 넉넉히 두르고 밥 대신 삶은 면을 넣어 볶으면 알리오올리오 스파게티가 된다.
4 소금으로 간하고 송송 썬 대파를 넣는다.

볶음밥쌈양상추쌈

재료 밥 2공기, 쌈양상추 잎 10장, 당근 ½개, 양파 ½개, 샐러리 1줄기, 김치 50g, 농축토마토 5큰술, 소금·후춧가루·현미유

1 쌈양상추 잎은 작은 것으로 씻어 준비한다.
2 당근, 양파, 샐러리, 김치는 잘게 다진다.
3 팬에 현미유를 두르고 2를 볶는다.
4 3에 농축토마토를 넣고 볶다가 밥을 넣고 다시 볶는다.
5 4가 고슬고슬하게 볶아지면 소금, 후춧가루로 간한다.
6 접시에 쌈양배추 잎을 한 장씩 놓고 5를 한 숟가락씩 얹어 놓는다.

시금치리소토

재료 쌀 1컵, 양파 ¼개, 현미유 1큰술, 소금·후춧가루 조금, 물 3컵
시금치소스– 데친 시금치 120g, 데친 당근 120g, 양파 50g, 우유 ½컵

1 쌀은 살살 문질러 가며 서너 번 씻어 물기를 재빨리 뺀다.
2 양파는 잘게 다진다.
3 시금치소스 재료를 모두 믹서에 곱게 간다.
* 시금치와 당근은 데쳐서 써야 잡내가 나지 않는다.
4 냄비에 현미유를 두르고 2의 양파를 볶다가 양파가 익으면 1의 쌀을 넣어 센 불에서 볶는다.
5 쌀이 투명해지면 물과 소스를 넣어 약한 불에 천천히 저어 가며 끓인다.
6 쌀알이 푹 퍼지고 걸쭉해지면 소금과 후춧가루로 간한다.
* 기호에 따라 체다치즈를 더해도 좋다.

녹차밥

재료 불린 쌀 2컵, 녹찻잎 1큰술, 녹찻물 2컵

1 녹찻잎에 물을 넉넉하게 붓고 녹찻물을 우려 놓는다. 녹찻잎은 건져 꼭 짜 둔다.
2 불린 쌀은 체에 밭쳐 물기를 뺀다.
3 솥에 2의 쌀을 안친 다음 녹찻물로 밥을 짓는다.
4 밥물이 끓어오르면 건져 두었던 녹찻잎을 넣고 뜸을 들인다.
  밥이 다 되면 고루 섞어 그릇에 담는다.
* 밥할 때 처음부터 찻잎을 넣지 않아야 쓴맛이 나지 않고 풍미가 더 좋다.

녹차완자탕

재료 한우분쇄육 100g, 녹찻잎 10g, 유정란 1개, 밀가루 2큰술,
조선간장 1큰술, 후춧가루 조금, 표고다시마맛국물 6컵
양념 - 다진 파 2작은술, 다진 마늘 1작은술, 소금·참기름 각 1작은술, 후춧가루 조금

1 녹찻잎은 물에 우려서 물기를 꼭 짠다.
2 고기를 녹찻잎과 합하여 양념한 뒤 끈기가 생길 때까지 치대어 완자를 빚는다.
3 완자에 밀가루를 고르게 묻히고 유정란을 입혀 끓는 표고다시마맛국물에 넣는다.
   간장과 후춧가루로 간하고, 완자가 익어서 떠오르면 그릇에 담는다.

※ 녹차의 종류 및 특징

- **우전**: 곡우(통상 4월 20일경) 전에 난 어린 햇순으로 만든 차로, 가장 처음 딴 찻잎으로
  만들었다고 해서 첫물차라고도 한다. 온화한 향에 단맛이 많고 부드럽다.
- **세작**: 어린 찻잎의 모양이 참새의 혀를 닮아 작고 가늘다 하여 작설차라고도 부른다.
  곡우와 입하 사이에 난 잎이 다 퍼지지 않은 창(처음 돋는 움)과 기(피기 시작한 잎)만을 따서
  만든 차로 맛과 향이 우전보다 더 진하다. 잎 크기에 따라 세작〈중작〈대작(또는 하작)으로 구분한다.

김치콩나물국

재료 김치 150g, 콩나물 150g, 대파 1뿌리, 참기름 1큰술, 소금 조금, 멸치맛국물 5~6컵

1 김치를 2cm 길이로 썰어서 냄비에 참기름을 두르고 달달 볶는다.
2 1에 멸치맛국물을 붓고 콩나물을 넣어 푹 끓인다.
* 콩나물을 끓일 때 중간에 뚜껑을 열어 김을 빼면 비린내가 심하게 난다.
 이럴 땐 마늘과 소금을 약간 넣으면 뚜껑을 열어 김을 빼도 비린내가 나지 않을 뿐 아니라 맛과 향도 좋아진다.
3 2에 어슷하게 썬 대파를 넣고 소금으로 간한다.
* 김칫국물로 간을 맞춰도 된다.

※ 집에서 콩나물 키우는 법

재료 아래에 작은 구멍이 나 있는 소쿠리,
소쿠리의 물이 잘 빠질 수 있는 물받이 용기, 면 행주, 빛을 가릴 수 있는 검은 천이나 덮개

1 콩을 약 4시간 정도 불린다(싹이 살짝 튼 콩이면 더 빨리 자란다).
2 불린 콩을 소쿠리에 깔아 놓는다.
3 물받이 용기를 받친 후 물을 흠뻑 주고, 젖은 면 행주로 위를 덮는다
 (정수기 물은 식물에게 필요한 영양분이 걸러져 있을 수 있으니 사용하지 않는다.
 수돗물을 하룻밤 정도 재운 뒤 실온 정도로 사용하면 좋다).
4 빛이 들어가지 않도록 소쿠리 전체를 검은 천이나 보자기로 덮는다.
5 하루 4~5번 정도 자주 물을 준다.

꼬치어묵국

재료 둥근긴어묵 100g, 오징어동그랑어묵 100g,
두부연어묵 100g, 명태참어묵 3장, 대파 1뿌리, 어간장 2큰술, 소금 조금
맛국물 – 멸치 1줌, 디포리 3마리, 무 ⅓개, 물 7~8컵

1 냄비에 맛국물 재료를 넣고 끓인다.
 * 멸치와 함께 디포리를 넣고 국물을 내면 맛이 더 좋아진다.
    넣는 양은 멸치 10마리 정도를 디포리 1마리로 잡으면 된다.
2 1을 체에 걸러 맑은
    맛국물을 내고, 무는 1cm 두께로 썬다.
3 어묵, 대파는 적당한 크기로 잘라서 준비한다.
4 전골냄비에 무, 어묵, 대파, 맛국물을 넣고 끓이다
    어간장으로 간한다. 부족한 간은 소금으로 한다.

첨가물 없이 가공한
한살림 어묵

알래스카 바다의 선상에서 어획과 동시에 살만 발라낸 후 급냉시킨 명태 연육만을 사용한다. 명태 연육 자체에 포함되어 있는 첨가물(솔비톨, 피로인산나트륨, 폴리인산나트륨)은 냉동 보관 시 수분 유지와 단백질 변성 등을 막기 위해 부득이하게 선상에서 곧바로 처리하여 그 상태로 수입된다. 그 외에는 인공조미료나 식품첨가물을 사용하지 않고 가다랑어를 이용한 천연 해물엑기스로 맛을 냈다.

* 국내 최초 국산 생선으로 첨가물 없이 만든 제주백조기어묵
겨울철 제주 연근해에서 어획한 백조기(보구치)를 선어 상태에서 직접 연육으로 가공한 후 어묵으로 만든다. 인산염, 솔비톨 등 첨가물을 사용하지 않으며 백조기의 머리, 껍질, 뼈는 물론 생선살 속의 힘줄까지 제거한 연육으로 식감이 탱탱하다. 제주에서 생산된 채소류와 한살림 가공생산지에서 만든 어묵소스, 해물엑기스를 양념으로 사용하여 믿을 수 있다.

두부황태전골

재료 황태포 1마리, 두부 420g, 무 200g, 대파 1뿌리, 청양고추 1개, 들기름 1큰술, 조선간장 ½큰술, 소금 ⅔작은술, 물 6~7컵
황태포 양념– 들기름 1큰술, 청주 1큰술, 다진 마늘 ½큰술, 조선간장 ½큰술

1 냄비에 황태포 머리·지느러미·꼬리·껍질과 무, 물을 넣고 끓여 맛국물을 낸다.
2 황태포 몸통은 흐르는 물에 가볍게 적신 뒤 반으로 접어 물기를 꼭 짠다.
3 2의 황태포를 사방 3cm 크기로 썬 뒤 양념에 재워 10분간 둔다.
4 맛국물을 낸 무는 건져 1cm 두께로 썰고, 두부도 1cm 두께로 썬다.
  대파와 청양고추는 어슷하게 썬다.
5 달군 전골냄비에 들기름을 두르고 3을 넣어 중간 불에서 3분간 볶는다.
6 4의 무, 두부, 대파, 청양고추를 전골냄비에 돌려 담고
  5의 황태포를 가운데에 담은 뒤 1의 맛국물을 붓고
  끓이다 조선간장, 소금으로 간한다.

약품 처리하지 않아 안전한
한살림 황태

러시아에서 잡은 명태를 강원 태백 등의 덕장에서 자연 건조한 것으로, 얼었다 녹았다를 반복하며 말려 맛이 좋다. 시원한 국이나 밑반찬으로 좋으며 살이 연하고 고소하다. 황태는 고단백, 저지방, 저열량 생선이며 단백질 비율이 높다. 또한 눈 건강에 유익한 비타민A가 풍부하고 지방이 적어 맛이 개운하며 지친 간을 해독하는 메타오닌, 시스테인 등 아미노산들을 함유하고 있다.

국산 콩 100%, 천연응고제로 만드는
한살림 두부

친환경 농사를 실천하는 농민들이 산지에 직접 세운 두부공장에서 소포제를 넣지 않고 만든다. 콩은 상온의 일반창고에 두면 맛이 떨어지기 때문에 저온저장고에서 영상 5℃를 유지하여 보관한다. 2015년 9월 7일부터 국내에서 유일하게 두부류, 유부류 전 품목에 천연응고제를 사용하고 있다. 한살림 순두부, 연두부와 유부는 대부분의 가공업체에서 사용하는 글루코노델타락톤(GDL) 대신 조제해수염화마그네슘이라 불리는 간수를 사용하는데, 염전에서 채취한 깨끗한 바닷물을 3중 필터로 중금속 등 불순물을 꼼꼼하게 거른 것이다. 간수는 대두 본연의 구수한 맛을 효과적으로 이끌어내며, 부드럽고 촉촉한 식감을 더한다. 시중 두부 한 모의 크기가 대부분 340g으로 줄어들었지만 한살림은 여전히 420g을 고수하고 있어 농업과 생태환경은 물론 가격 면에서도 뛰어나다. 두부와 두유, 콩나물 등의 가공 부산물은 한살림 축산 사료로 사용하여 지역순환농업의 밑거름이 되고 있다.

순두부찌개

재료 순두부 300g, 참바지락살 100g, 꼬막새우살 50g, 애호박 ⅓개,
대파 ⅓뿌리, 유정란 1개, 고추기름 3큰술, 다진 마늘 ½큰술, 소금, 다시마맛국물 ½컵

1 참바지락살, 새우살은 옅은 소금물에 살짝 씻어 건진다.
2 애호박은 반달썰기, 대파는 어슷썰기 한다.
3 뚝배기에 고추기름을 두르고 참바지락살, 새우살, 애호박,
 다진 마늘을 넣고 살짝 볶는다.
4 3에 순두부, 다시마맛국물을 넣고 끓인다.
* 순두부 물만으로도 충분하므로 다시마맛국물을 조금만 넣는다.
5 충분히 끓으면 대파와 유정란을 넣는다.

※ 고추기름 만드는 법

재료 현미유 1컵, 고춧가루 4큰술, 다진 파 2큰술, 다진 마늘 1큰술, 생강가루 조금
도구 도자기 또는 유리 드리퍼(또는 작은 체), 커피필터

1 드리퍼에 커피필터를 깔고 고춧가루, 다진 파, 다진 마늘, 생강가루를 담는다.
 드리퍼 밑에는 도자기나 유리 소재의 컵 또는 그릇을 놓는다.
2 냄비에 현미유를 데운다.
3 뜨거운 기름을 1에 살살 부어 준다.
4 기름이 다 내려올 때까지 두었다가 열탕 소독한 병에 넣어 냉장 보관한다.

🍳 이렇게 만든 고추기름은 어묵볶음, 매운 볶음밥 등에 두루두루 활용한다.

명란젓국조치

재료 명란젓 100g, 두부 100g, 애호박 100g,
한우(국거리) 30g, 실파 2뿌리, 새우젓 1작은술, 참기름, 소금, 물 2½컵
고기양념- 조선간장 ½작은술, 다진 마늘, 참기름, 후춧가루 조금

1 명란젓은 3cm 정도로 자른다.
2 두부, 애호박은 3cm 크기로 납작하게 썰고 파는 4cm 길이로 썬다.
3 소고기는 잘게 썰어 양념한다.
4 냄비에 물을 끓이다가 3을 넣고 익으면 애호박, 두부, 명란젓을 차례로 넣어 끓인다. 새우젓으로 간을 맞추고 실파를 넣는다.
5 불을 끄고 참기름을 한두 방울 넣는다. 부족한 간은 소금으로 한다.

※ 명란젓 만드는 법

재료 냉동 동태알 400g, 굵은소금(동태알의 10~15% 분량), 가는소금, 고운 고춧가루, 다진 마늘, 쪽파, 참기름, 볶은 참깨

1 냉동 동태알을 소금물에 담가 살살 흔들어 냄새를 없애며 녹인다
 (소주가 있으면 소주를 넣고 소독해도 좋다).
2 1을 체에 밭쳐서 물기를 뺀 뒤 굵은소금에 2~3일간 재운다.
3 가는 소금, 고운 고춧가루, 다진 마늘을 잘 섞어 양념을 만든다.
4 2에 3의 양념을 살살 발라서 버무린다.
5 4를 먹기 좋게 썬 다음 참기름을 치고 볶은 참깨를 뿌린 뒤 쪽파를 곱게 채 썰어 곁들인다.

어묵조림

재료 오징어동그랑어묵 200g, 감자 1개, 브로콜리 ¼송이, 쌀조청 1큰술, 물 1½컵
양념 – 카레가루 ⅔큰술, 고추장·청주 각각 ½큰술, 간장·다진 마늘 각각 1작은술, 설탕 ½작은술, 후춧가루 조금

1 어묵과 감자는 비슷한 크기로 썰고, 브로콜리도 비슷한 크기로 손질한다.
2 냄비에 감자와 물을 넣고 익히다가 감자가 반 이상 익으면 어묵과 양념을 넣고 뚜껑을 덮어 마저 익힌다.
3 어묵에 양념이 고루 배어들면 뚜껑을 열고 브로콜리와 쌀조청을 넣은 뒤 센 불에서 윤기나게 조린다.

반마른오징어조림

재료 반 마른 오징어 2마리, 쌀조청 1큰술, 볶은 참깨, 참기름
양념- 맛간장 4큰술, 고춧가루 1큰술, 설탕 1큰술, 물 1컵

1 반 마른 오징어를 미지근한 물에 30분 정도 담갔다가 적당한 크기로 자른다.
2 냄비에 양념을 넣고 끓이다가 1의 오징어를 넣고 조린다.
3 국물이 자작하게 졸아들면 쌀조청을 넣고 뒤적이며 조린다.
4 불을 끄고 볶은 참깨, 참기름을 뿌려 접시에 담아낸다.

브로콜리참깨두부무침

재료 브로콜리 1송이, 두부 200g, 참깨 1큰술, 참기름 ½큰술, 소금 조금

1 참깨는 팬에 볶아서 한 김 식힌 후 반만 빻는다.
2 두부는 물기를 꼭 짜서 준비한다.
3 브로콜리는 한입 크기로 똑똑 따거나 칼로 썰어서,
  물이 팔팔 끓을 때 소금을 조금 넣고 데친다.
* 쑥갓, 톳, 미나리 등을 써도 좋다.
4 3의 브로콜리를 찬물에 여러 번 헹구고 물기를 뺀다.
5 1, 2, 4를 볼에 넣고 조물조물 무친다.

🥄 브로콜리 줄기를 따서 나눈 후 물에 담가 두면
브로콜리 줄기 사이사이의 먼지가 빠지고 한결 싱싱해진다.

청포묵무침

재료 청포묵 420g, 미나리 10줄기, 유정란 2개, 구운 김 1장, 참기름 1큰술, 소금 1작은술, 볶은 참깨

1 청포묵은 얇게 채 썰어 끓는 물에 넣고 투명해질 때까지 데친 뒤 물기를 뺀다.
2 미나리는 끓는 물에 살짝 데쳐 물기를 빼고 4cm 길이로 썬다.
3 유정란은 노른자와 흰자를 나눠 지단을 부친 뒤 채 썬다.
4 1의 청포묵에 참기름, 소금을 넣고 버무린다.
5 4에 채 썬 지단과 미나리를 넣고 구운 김을 가루 내어 넣은 뒤 한 번 더 버무린다.
6 마지막으로 깨를 뿌린다.

파상추무침

재료 대파 2뿌리, 상추 5장
양념장 – 설탕 2큰술, 볶은 참깨 1큰술, 식초 1큰술, 고운 고춧가루 ½큰술, 소금 2작은술, 참기름 1작은술

1 파는 10cm 길이로 가늘게 채 썰고 찬물에 헹궈 매운맛을 뺀다.
2 상추는 먹기 좋은 크기로 뜯어 찬물에 담가 둔다.
3 파와 상추의 물기를 뺀다.
4 양념장을 섞어 파, 상추와 잘 무쳐서 접시에 낸다.

🔎 조금 시든 상추는 깻잎처럼 양념해서 먹어도 좋고, 손으로 뜯어서 비빔밥에 넣어 먹어도 된다. 보관하던 상추가 시들었을 때 차가운 얼음물에 잠시 담가 두면 파릇파릇 생기가 다시 살아난다.

※ 대파 활용은 이렇게

파 뿌리는 씻어서 따로 보관했다가 고기를 삶을 때 넣으면 고기 냄새를 없앨 수 있고,
파 뿌리와 머리 부분(흰 부분)을 무와 함께 끓여 꿀을 넣어 먹으면 감기 예방에 좋다.
잎 부분은 육수를 낼 때 넣거나 생선·고기를 찔 때 밑에 깔면 냄새 제거에 도움이 된다.

미역자반

재료 자른 미역 20g, 현미유 2큰술, 볶은 참깨 1큰술, 설탕 1큰술

1 팬에 현미유를 두르고 충분히 달군다.
2 1에 자른 미역을 넣고 재빨리 저으면서 고루 볶는다.
3 2의 미역을 파릇하게 볶아 불에서 내리고 볶은 참깨와 설탕을 넣어 고루 섞는다.
4 뚜껑 있는 용기에 담아 마른반찬으로 두고 먹는다.

양상추채소샐러드

재료 양상추 작은 것 1통, 찐 감자 1개, 햄 50g, 삶은 유정란 2개, 마요네즈 3큰술, 옥수수병조림 2큰술, 설탕 1작은술
프렌치드레싱– 포도씨유(또는 올리브유) 6큰술, 식초 4큰술, 소금 1작은술, 후춧가루 조금

1 양상추는 꼭지 부분을 파내고 그 속으로 물이 흐르도록 하여 씻은 뒤 물기를 빼 놓는다.
2 찐 감자, 햄, 삶은 유정란흰자는 깍뚝썰기 하여 마요네즈, 설탕을 넣고 섞는다.
3 삶은 유정란노른자는 체에 내려서 준비한다.
4 접시에 양상추를 통으로 놓고 6등분하여 벌려 놓는다.
5 4에 2와 옥수수를 얹고 3을 뿌려 프렌치드레싱과 함께 낸다.
6 먹을 때 프렌치드레싱을 붓는다.

양상추는 찬물에 씻어서 얼음물에 담가 놓았다가 물기를 빼고 쓰면 좋다. 칼을 댄 부분은 금방 물러지므로 되도록 손으로 먹기 좋게 뜯어 조리하는 것이 좋다.

양파소스연두부

재료 연두부 300g
소스– 양파 ½개, 맛간장 2큰술, 식초 1큰술, 물 2큰술

1 양파는 껍질을 벗겨 잘게 다진다.
2 볼에 1의 양파와 나머지 소스 재료를 넣고 섞는다.
3 물기를 뺀 연두부를 접시에 담고 소스를 뿌린다.

🥄 연두부는 조리하지 않고 먹기도 하므로 염분이 있고, 순두부는 염분이 없다.

든든하게
고기 요리

널찍하고 볕 잘 드는 축사에서
항생제 등이 섞이지 않은
건강한 사료로 키운 고기로
단백질 풍부한 밥상을 차려 보세요.

햇살과 바람 통하는 축사에서
건강하게 키운 한살림 육류

한살림 소, 돼지, 닭, 오리의 축산 환경은 한살림 자체 기준에 따라 엄격하게 관리된다. 동물들은 운동할 수 있는 공간이 확보돼 있고 바닥에 깔짚을 깐 축사에서 비교적 쾌적하게 자란다. 무항생제, 무성장호르몬 사료를 기본 원칙으로 하며 GMO 없는 사료를 먹이는 등 국산 곡물사료를 지향하여 사료 자급률 향상을 위해 노력하고 있다. 건강하게 자란 동물이 우리 몸과 땅에도 이로울 것이다.

유전자조작 걱정 없는
한살림 소

1 왕겨나 톱밥 등이 깔린 햇볕이 잘 드는 축사에 한 마리당 3~4평 내외의
  공간을 확보하여 소들이 자유롭게 활동할 수 있게 한다.
2 축사 주변에 제초제 살포를 금지한다.
3 성장 단계별로 유전자조작하지 않은 원료로 만든 사료를 먹이며
  사료에 항생제, 호르몬제 등을 첨가하지 않는다.
4 설사가 났을 때는 숯가루와 솔잎 생즙 등을 먹이고, 고창증(배에 가스가 차는 증세)에는
  들기름과 소주를 투여하는 등 자연적 요법을 쓰려고 노력한다.
5 거세하지 않은 황소를 주로 키우며, 뿔이 잘리는 고통을 느끼지 않도록 한다.
6 마블링 위주의 사양관리를 하지 않아 지방은 적고 근육량이 많은 편으로
  한우의 깊은 풍미를 느낄 수 있다.

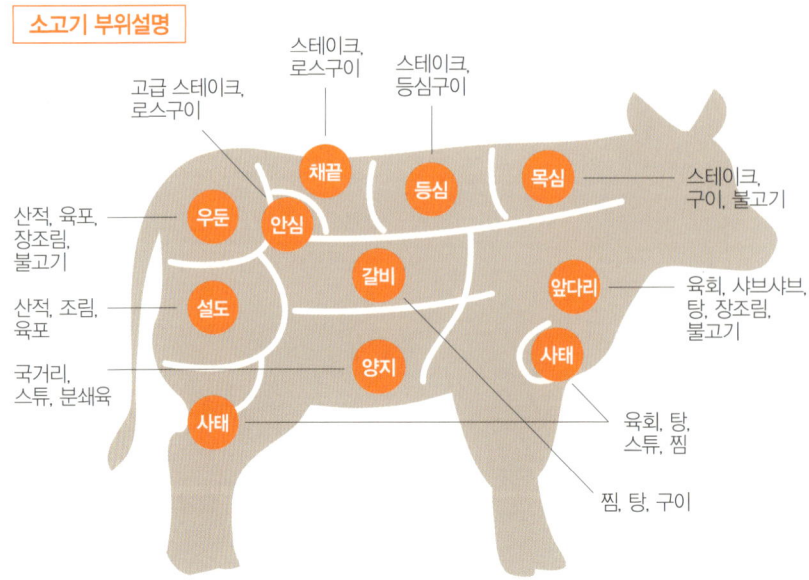

소고기 부위설명

국산 발아보리로 키운
한살림 돼지

1 왕겨나 톱밥 등이 깔려 있고 자연 채광과 환기가 잘되는 개방형 축사에 5마리당 2평의 공간을 확보하여 돼지들이 자유롭게 활동하게 한다.
2 축사 주변에 제초제 살포를 금지한다.
3 치료 목적 이외에 항생제나 호르몬제 등을 사용하지 않으며, 치료를 위해 사용한 경우 휴약기간의 2배 기간이 지난 후 출하한다.
4 질병을 예방하고 건강하게 키우기 위해 봉침이나 생균제 등의 미생물제제를 사용한다.
5 한살림 돼지는 운동량이 많아 육색이 짙은 다발 모양의 근육으로, 삶으면 부드러워진다.

* 수입 옥수수 대신 우리 보리로 키운 '우리보리살림돼지'

한살림은 전량 수입곡물로 만들던 돼지사료에서 수입 옥수수와 옥수수가공부산물을 완전히 빼고, 국산 발아보리(20%)와 국산 쌀겨(10%) 등을 사용해 자급률을 30% 수준으로 높인 사료를 먹여 돼지를 키운다. 우리 보리 농지 120만 평을 지키는 효과가 있으며, 수입 옥수수를 뺀 사료가 돼지고기의 맛과 영양도 개선한다.

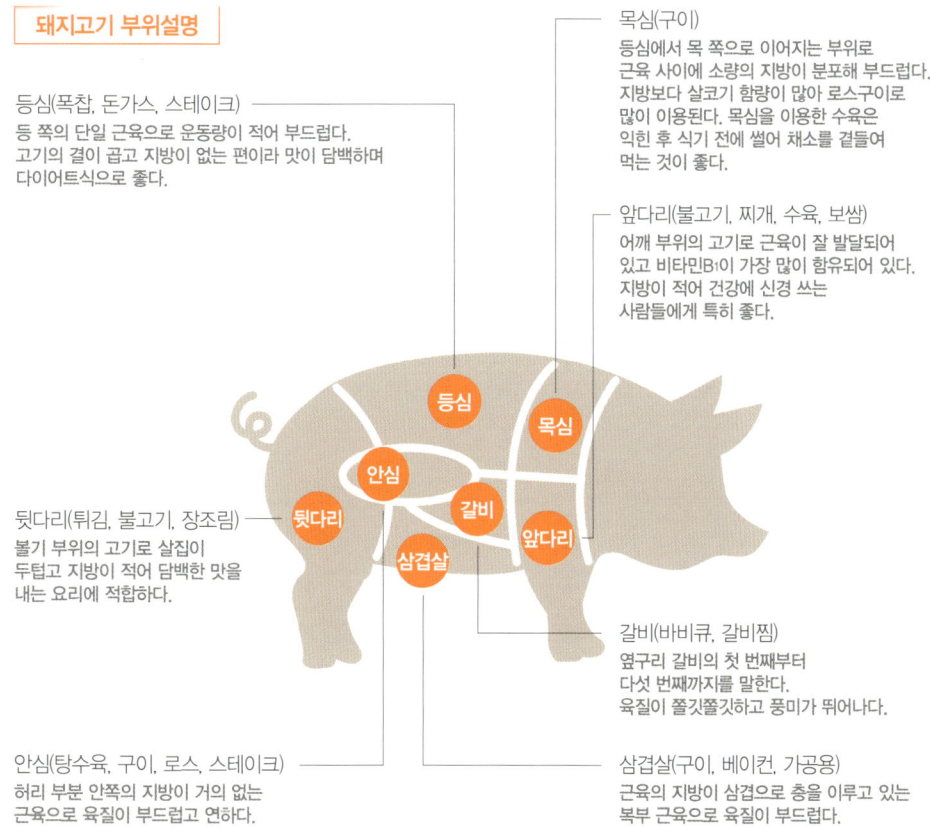

햇살과 바람을 받으며 자란
한살림 닭

1 환기 및 채광이 잘되는 창이 있는 계사에 사육공간을 확보한다.
　바닥은 평평한 흙바닥으로 톱밥이나 왕겨를 충분히 깔아 준다.
2 농가마다 미강, 매실, 산야초 등을 발효한 자가사료를 만들어 먹여 질병을 예방한다.
3 수질검사에 합격한 깨끗한 지하수를 닭의 식수로 사용한다.
4 Non-GMO 닭의 경우 유기인증(Non-GMO, 무항생제, 무화학비료 등) 사료를 먹여 키운다.

※ 닭고기 해동은 이렇게

냉동 상태로 공급되는 닭은 밀봉 상태로, 상온에서 해동하면 특유의 가스가 발생하여
약간 발효되는 것과 같은 냄새가 날 수 있어 냉장 상태에서 해동해야 한다.
간혹 상온 해동하는 경우에는 꼭 포장지의 한쪽을 잘라 내어 공기가 통하는 상태에서 해동한다.

암수 서로 정답게 낳은
한살림 유정란

1 자연과 흡사한 조건에서 암탉과 수탉이 어울려 살며 낳은 달걀이다.
　닭장 지붕 위쪽 천창을 열고 닫을 수 있어 햇빛과 바람, 온습도를 조절할 수 있다.
2 성장촉진제, 파리약, 산란촉진제나 성장호르몬제를 넣지 않는 사료를 먹인 닭이 낳는다.
　Non-GMO 유정란의 경우 유기인증(Non-GMO, 무항생제, 무화학비료 등) 사료를
　먹여 키운 닭이 낳는다.
3 하절기에는 청초, 동절기에는 엔실리지(풀김치)를 먹여 건강하게 키운 닭이 낳는다.
4 닭장 주변에 제초제 사용을 금하며, 닭똥은 풀사료를 생산하는 거름 등으로 이용한다.

소고기샤브샤브

재료 한우(샤브샤브용) 600g, 쌈채소 300g, 만가닥버섯 200g, 새송이버섯 3개, 단호박 ¼개, 우리밀생면 400g, 청주 2큰술, 소금, 다시마맛국물 8컵
간장소스 무즙·식초·진간장 각각 1큰술, 볶은 참깨, 실파, 다시마맛국물 1컵
땅콩소스 땅콩크림 2큰술, 볶은 참깨·설탕·진간장 각 1큰술, 다시마맛국물 1큰술

1 전골냄비에 다시마맛국물을 붓고, 청주와 소금을 넣어 맛을 낸다.
2 깨끗이 씻어 물기를 뺀 쌈채소와 우리밀생면은 큰 접시에 보기 좋게 담는다.
3 고기도 큰 접시에 보기 좋게 담는다.
4 분량의 소스 재료를 섞어 둔다.
5 1이 충분히 끓으면 채소와 고기를 담가 살짝 익혀 소스에 찍어 먹는다. 마지막에 생면을 넣어 끓여 먹는다.

소고기등심찹스테이크

재료 – 한우 등심 300g, 양송이버섯 6개, 양파 ½개, 당근(5cm 토막) 1개, 청피망·홍피망 ½개, 밀가루 2큰술, 현미유
고기 밑간 – 양파 간 것 2큰술, 청주 1큰술, 소금·후춧가루 조금
소스 – 돈가스소스 2큰술, 진간장 2큰술, 토마토케첩 2큰술, 설탕 ½큰술, 청주 ½큰술, 소금, 후춧가루

1 소고기는 한입 크기로 잘라 밑간하여 20분 이상 재운다.
2 버섯, 양파, 당근, 피망은 사방 3cm 크기로 썬다.
3 분량의 소스 재료를 섞어 둔다.
4 1의 소고기에 밀가루를 골고루 묻혀 현미유를 두른 팬에 앞뒤로 노릇하게 구워 낸다.
* 밀가루를 뿌려 구우면 육즙도 덜 나오고, 씹는 맛도 부드럽다.
5 4의 팬에 현미유를 두르고 당근과 양파를 볶다가 나머지 채소를 모두 넣고 함께 볶는다.
6 5의 채소가 어느 정도 익으면 4의 고기를 넣고 섞은 다음,
    소스를 넣고 간을 맞춘 뒤 더 볶는다.

🥄 등심을 부드럽게 하려면 등심 600g에 소금, 후춧가루와 참다래 ⅓개, 양파 ⅓개 간 것을 앞뒤로 발라서 3시간 이상 재운다. 재워 놓은 등심은 사흘간 냉장 보관할 수 있으며, 필요한 양만큼 꺼내 구워 먹으면 된다.

차돌박이숙주볶음

재료 차돌박이 300g, 숙주 300g, 대파 ½뿌리, 청고추·홍고추 각각 1개, 다진 마늘 1큰술, 현미유
양념 – 맛간장 2큰술, 쌀조청 1큰술, 후춧가루 조금

1 대파, 청고추·홍고추는 어슷하게 썬다.
2 달군 프라이팬에 차돌박이를 살짝 익혀 낸다.
3 달군 프라이팬에 현미유를 두르고 다진 마늘을 넣어 향을 낸 뒤
　숙주를 숨이 살짝 죽을 정도로만 볶는다.
4 3에 2의 차돌박이를 넣어 섞고, 대파와 고추를 넣은 뒤 양념을 넣고 재빨리 볶는다.

소고기배구이

재료 한우 등심(또는 갈빗살) 300g, 배 1개, 잣 1큰술
고기양념 – 진간장 2½큰술, 배즙 2큰술, 다진 마늘 1큰술, 쌀조청 1큰술, 참기름 1큰술, 청주 1큰술, 후춧가루

1 소고기는 양념을 해서 30분 정도 재운다.
2 배는 껍질을 벗겨 4등분한 뒤 얄팍하게 썬다.
3 프라이팬에 배를 올리고 앞뒤로 노릇하게 굽는다.
4 1의 고기를 팬에 구워 한입 크기로 적당하게 썬다.
5 접시에 구운 배, 소고기 순으로 담고 잣을 다져 뿌린다.

미트로프

재료 한우분쇄육 300g, 돼지분쇄육 300g, 불고기햄 200g, 양송이버섯 3~4개, 양파 1개, 유정란 1개, 우리밀빵가루 ¾컵, 토마토케첩 ½컵, 돈가스소스 3~4큰술, 다진 마늘 1큰술, 후춧가루 조금
곁들임 채소— 감자, 당근, 브로콜리, 양파, 통마늘 등
소스— 토마토케첩 150g, 설탕 50g, 양겨자 50g

1 햄, 양송이버섯, 양파를 잘게 다진다.
2 1에 나머지 재료를 모두 넣고 잘 주물러서 섞는다.
3 오븐 팬에 2를 둥글게 모양을 잡아서 놓고, 곁들임 채소를 함께 넣는다.
  감자, 당근, 통마늘은 처음부터 같이 넣어서 굽고 브로콜리, 양파 같은 채소는 중간에 넣는다.
4 3에 종이호일을 덮고 220℃로 예열한 오븐에 약 50분간 굽는다.
5 4를 꺼내서 종이호일을 벗기고 소스를 바른 뒤
  노릇해질 때까지 15분 정도 더 굽는다.

돼지갈비찜

재료 - 돼지찜갈비 1kg, 감자 2개, 당근 1개, 건표고버섯 3개, 된장 1큰술
양념장 - 진간장 5큰술, 다진 마늘 2큰술, 사과농축액 2큰술, 매실청 1큰술, 설탕 1큰술, 참기름 1큰술, 볶은 참깨, 후춧가루, 물 1½컵

1 돼지찜갈비를 찬물에 담가 1시간 이상 물을 2~3번 갈며 핏물을 뺀다.
2 냄비에 고기가 잠길 정도의 물을 붓고 된장을 풀어 끓인다.
* 대파, 마늘, 양파, 후춧가루 등을 함께 넣어도 좋다.
3 1의 고기를 2에 넣고 데친다.
4 데친 고기는 찬물에 깨끗이 씻어 비계를 제거하고, 먹기 좋게 칼집을 넣는다.
5 감자, 당근은 밤톨 크기로 썰어 모서리를 다듬고, 건표고버섯은 따뜻한 물에 불려 준비한다.
6 4의 고기에 양념장을 반만 넣고 끓이다가 고기가 익으면 나머지 양념장을 넣고 감자, 당근, 버섯을 넣고 함께 끓인다.
* 갈비찜은 처음엔 센 불에서 끓이다가 끓으면 불을 낮추어 은근하게 익힌다.
7 마지막엔 뚜껑을 열고 양념장을 끼얹어 가며 윤기나게 조린다.

냉동육을 해동할 때는 냉장실 내에서 천천히 해야 육즙 손실을 최소화하고 미생물에 의한 오염과 번식을 막을 수 있다. 해동 후 다시 냉동하면 영양성분이 많은 육즙이 손실돼 고기 맛이 떨어진다.

삼겹살채소찜

재료 삼겹살 300g, 브로콜리 1개, 양파 1~2개, 고구마 1개, 연근 1개
양념장 - 매실청 2큰술, 된장 1큰술, 진간장 1큰술, 참기름 1큰술, 고추장 2작은술, 다진 마늘 2작은술, 다진 생강 1작은술

1 삼겹살은 4cm 길이로 썰고, 브로콜리는 적당한 크기로 나눈다.
2 양파는 껍질을 벗겨 1cm 두께로 썰고, 고구마와 연근은 껍질째 1cm 두께로 둥글게 썬다.
3 양념장에 삼겹살을 넣고 양념이 골고루 배도록 주무른 뒤 10분쯤 재워 둔다.
4 찜통에 종이호일을 깔고 3의 삼겹살과 브로콜리, 양파, 고구마, 연근을 돌려 담는다.
※ 곁들이는 채소로 단호박, 마, 숙주, 양배추 등 제철에 나오는 것을 다양하게 이용해도 좋다.
5 김이 오른 찜통에서 10~15분 정도 쪄 낸다.

족발냉채

재료 훈제족발 300g, 콩나물 100g, 양파 ½개, 오이 ½개, 깻잎 10장, 풋고추·홍고추 각 ½개
냉채소스 – 식초 5큰술, 설탕 3큰술, 다진 마늘 2큰술, 연겨자 2큰술, 진간장 2큰술, 소금 2작은술, 참기름 2작은술

1 족발은 먹기 좋은 크기로 얇게 썬다.
2 콩나물은 삶은 뒤 찬물에 식혀서 준비한다.
3 양파, 오이, 깻잎은 채 썰고 풋고추와 홍고추는 어슷하게 썬다.
4 냉채소스 재료를 모두 섞어 둔다.
5 모든 재료를 냉채소스에 버무려 접시에 담아낸다.

매실소스찹쌀탕수육

재료 돼지고기 등심(채 썬 것) 300g, 건목이버섯 4개, 팽이버섯 50g, 양파 ½개, 소금, 청주, 후춧가루, 튀김기름
튀김옷 – 녹말가루 ½컵, 찹쌀가루 3큰술, 물 1컵
탕수소스 – 매실청 5큰술, 식초 2큰술, 알비트 1조각, 소금 ½큰술, 후춧가루 조금, 녹말물, 물 1컵

1 돼지고기는 소금, 청주, 후춧가루로 밑간한다.
2 건목이버섯은 물에 불려 채 썰고, 팽이버섯은 밑동을 잘라 2cm 길이로 썬다.
  양파는 사방 3cm 크기로 썬다.
3 물에 녹말가루를 풀어 앙금을 낸 뒤 윗물은 버리고, 여기에 찹쌀가루를 섞어 튀김옷을 만든다.
* 튀김옷에 튀김기름을 1큰술 넣으면 튀김옷이 붙지 않아 떼기 편하며, 부풀면서 바삭하게 튀겨진다.
4 1의 돼지고기에 튀김옷을 고루 묻혀 180℃의 기름에 튀긴다.
5 녹말물을 제외한 탕수소스 재료를 냄비에 넣고 끓인다.
  끓으면 목이버섯, 팽이버섯, 양파를 넣고 녹말물을 부어 걸쭉하게 만든다.
6 4의 튀긴 돼지고기를 그릇에 담고 5의 소스를 곁들인다.

참다래소스를 얹은 닭가슴살구이

재료 닭가슴살 4개, 청주 1큰술, 소금·후춧가루·현미유 조금
소스 – 참다래 4개, 천혜향 1개, 사과 ½개, 양파 ½개, 식초 1작은술, 소금·후춧가루 조금

1 닭가슴살은 반으로 포를 뜬 뒤 소금, 청주, 후춧가루를 뿌려 밑간한다.
2 참다래, 천혜향, 사과, 양파를 잘게 다져 소금, 식초, 후춧가루를 넣고 섞은 뒤 냉장고에 넣어 차갑게 한다.
3 달군 프라이팬에 현미유를 두르고 1의 닭가슴살을 노릇하게 굽는다.
4 접시에 구운 닭가슴살을 담고 2의 소스를 끼얹어 낸다.

닭봉양념튀김

재료 닭봉 300g, 튀김가루 1컵, 우유 1컵, 소금, 후춧가루, 튀김기름
양념 – 고추장(또는 토마토케첩) 2큰술, 쌀조청 2큰술, 다진 마늘 1큰술, 진간장 1큰술, 참기름 1큰술, 볶은 참깨, 물 ½컵

1 닭봉은 끝부분의 살이 없는 뼈 주위에 칼집을 낸다.
　칼집을 통해 속살을 발라낸 뒤 뒤집어 동그랗게 만든다.
2 1을 소금, 후춧가루로 밑간하여 우유에 담가 냉장고에 30분 정도 둔다.
3 팬에 다진 마늘을 넣고 센 불에 볶다가 나머지 양념 재료를 넣고 약한 불에서 끓인다.
4 2에서 닭봉을 건져 튀김가루를 묻힌 뒤 180℃의 기름에서 2번 튀겨 낸다.
＊ 비닐봉지에 닭봉과 튀김가루를 넣고 흔들면 쉽다.
5 3에 4를 넣고 버무린 뒤 볶은 참깨를 뿌려 낸다.

닭찜

재료 닭다리 8개(600g), 대파 1뿌리, 양파 ½개, 표고버섯 5개, 밤 5톨, 대추 5개, 깐 마늘 4쪽, 마른 홍고추 1개, 청주 2큰술, 현미유 2큰술, 소금 조금
양념장– 진간장 4큰술, 쌀조청 2큰술, 다진 마늘 1½큰술, 참기름 1큰술, 청주 1큰술, 설탕 ½큰술, 생강가루·후춧가루 조금, 다시마맛국물 1컵

1 닭다리는 소금과 청주로 밑간한 뒤 30분 정도 둔다.
2 대파는 3cm 길이로 썰어 반으로 자르고 깐 마늘은 편으로 썬다.
　마른 홍고추는 어슷하게 썰어서 준비한다.
3 양파는 큼직하게 썰고, 표고버섯은 기둥을 뗀 뒤 큰 것은 반 자르고 작은 것은 그대로 쓴다.
4 프라이팬에 현미유를 두르고 대파, 마늘, 마른 홍고추를 볶아 향을 낸 다음
　1의 닭다리를 넣고 노릇노릇하게 지진다.
5 냄비에 4의 닭다리를 담고 양념장을 넣어 끓인다.
6 5가 끓기 시작하면 양파, 표고버섯, 밤, 대추를 넣고 국물이 거의 없어질 때까지 조린다.

훈제오리오븐구이

재료 훈제오리 350g, 현미떡볶이떡 200g, 새송이버섯 2개, 미니단호박 1개, 양파 1개, 고추 3개, 깐 마늘 10쪽, 진간장 1큰술, 참기름 1큰술, 로즈마리 1작은술, 소금, 후춧가루

1 훈제오리는 적당한 두께로 썬다.
2 새송이버섯, 미니단호박, 양파, 고추는 먹기 좋은 크기로 썰어 준비한다.
3 떡볶이떡은 끓는 물에 말랑해지도록 살짝 데친다.
4 훈제오리와 새송이버섯, 미니단호박, 양파, 고추, 깐 마늘을 로즈마리, 소금, 후춧가루로 간하고 떡볶이떡은 진간장, 참기름으로 양념한다.
5 오븐 팬에 종이호일을 깔고 4를 골고루 올려 200℃에서 20~30분 정도 구워 낸다.

청경채훈제오리볶음

재료 청경채 400g, 훈제오리 350g, 양파 ½개, 깐 마늘 7~8쪽
양념— 진간장 2큰술, 굴소스 1큰술, 쌀조청 1큰술, 청주 1큰술

1 청경채는 물에 씻어 물기를 뺀다.
2 양파는 채 썰고 마늘은 얇게 저민다.
3 훈제오리는 얇게 썰어 프라이팬에 볶다가 2의 양파, 마늘을 넣고 함께 볶는다.
4 3이 적당히 익으면 양념과 청경채를 넣고 살짝 볶는다.

입맛 돋우는

별미 요리

한 그릇에 담겨 있는
다양한 영양과 맛을 느껴 보세요.
바쁠 때, 입맛 없을 때,
색다른 게 먹고 싶을 때
언제든 뚝딱 차릴 수 있는
요리들입니다.

충무김밥

김밥말이

재료 밥 4공기, 참김 4장, 볶은 참깨·소금·참기름 조금

1 참김을 뜨거운 프라이팬에 앞뒤로 살짝 구워 4등분한다.
2 고슬고슬하게 지은 밥을 볶은 참깨, 소금, 참기름으로 양념한다.
3 1의 참김에 2의 밥을 올려 손가락 굵기로 만다.

오징어어묵무침과 무김치

재료 오징어 1마리, 어묵 3장, 무 ¼개, 볶은 참깨, 참기름 조금
양념장– 고춧가루 3~4큰술, 멸치액젓 2큰술, 매실청 2큰술, 다진 마늘 1큰술, 식초 1큰술, 쌀조청 1큰술
절임물– 설탕 1큰술, 소금 1큰술, 식초 1큰술

1 무를 어슷하게 썰어 절임물에 30분 정도 절인 뒤 물기를 꼭 짜서 준비한다.
2 오징어는 껍질을 벗겨 한입 크기로 썰고, 어묵도 같은 크기로 썬다.
3 프라이팬에 2의 오징어와 어묵을 볶는다.
4 3에 양념장의 ½과 참기름, 볶은 참깨를 넣고 무친다.
5 1에 양념장의 ½과 참기름, 볶은 참깨를 넣고 무친다.

참다래샐러드초밥

재료 밥 4공기, 참다래 2~3개, 붉은대게 다리살 100g, 양파 1개, 구운 김 4장
소스– 마요네즈 3큰술, 고추냉이 1작은술, 소금 조금
단촛물– 설탕 2큰술, 식초 2큰술, 소금 1작은술

1 참다래, 붉은대게 다리살, 양파는 잘게 다진 뒤 소스와 섞는다.
2 밥에 단촛물을 넣고 섞어 한입 크기로 초밥 모양을 만든다.
3 김을 3cm 너비로 잘라 2의 밥 가장자리에 두른다.
4 3에 1을 얹는다.

참다래그린샐러드

재료 참다래 2개, 어린잎채소 100g(또는 각종 채소 및 과일)
소스 - 참다래 2개, 사과 ½개, 설탕·식초·현미유 각 3큰술, 소금·후춧가루 조금

1 소스 재료를 믹서로 간다.
2 참다래와 어린잎채소는 깨끗이 씻어 물기를 제거하고 우묵한 접시에 담는다.
3 2에 1을 곁들여 낸다.

※ 참다래는 후숙해 먹어요

참다래는 대표적인 후숙 과일로 상온에서 5~10일가량 자연 후숙한 뒤 먹으면 좋다. 온도가 너무 높으면 빨리 무르거나 상할 수도 있으니 주의하고, 표면이 마르지 않도록 밀봉하여 후숙하는 게 좋다. 에틸렌 가스의 발생이 비교적 많은 사과를 참다래와 함께 넣어두면 후숙 속도가 빨라진다. 참다래 100개에 사과 1개 정도가 적당하다.

양배추롤

재료 양배추 큰 잎 8장, 완숙토마토 1개, 농축토마토 1컵, 물 1컵
속재료 - 돼지분쇄육(또는 두부) 300g, 양파 ½개, 파프리카 ½개, 청양고추 2개, 다진 마늘 1큰술, 청주 1큰술, 소금, 후춧가루

1 양배추 잎을 팔팔 끓는 물에 데친 뒤 바로 찬물에 식혀서 물기를 제거한다.
2 양파, 파프리카, 청양고추는 곱게 다지고 돼지분쇄육은 종이행주로 핏물을 제거한 뒤 모두 큰 그릇에 섞어 손으로 치댄다.
3 2를 8등분해서 1의 양배추 잎에 넣고 돌돌 만다.
4 냄비에 3과 한입 크기로 자른 토마토, 농축토마토, 물을 함께 넣어 조린다.

잣콩국수

재료 밀가루 3컵, 메주콩 1컵, 잣 5~6큰술, 깻잎(또는 시금치) 30장, 애호박 ¼개, 소금 조금, 물 7~8컵
고명– 오이, 토마토(또는 수박)

1 콩은 씻어 물에 4시간 이상 충분히 불린다.
2 냄비에 1의 콩을 넣고 물을 자작하게 부어 끓인다. 끓으면 불을 끄고 3~5분 정도 뜸을 들인다.
* 콩을 너무 오래 삶으면 메주 냄새가 난다. 고소한 냄새가 나기 시작하면 익은 것이다.
3 믹서에 2의 콩과 잣을 넣고 물 2컵을 부어 곱게 간다.
* 물을 너무 많이 넣으면 콩이 잘 갈리지 않는다. 빡빡하게 해야 콩이 곱게 갈린다.
4 3에 나머지 물을 섞어 냉장고에 넣어 둔다.
5 깻잎과 애호박을 물과 함께 믹서에 갈아 즙을 낸다.
* 물은 믹서가 돌아갈 정도만 넣는다.
6 밀가루에 5와 소금을 넣고 반죽한다.
7 6의 반죽을 가늘고 얇게 밀어 국수로 만든 뒤 끓는 물에 넣고 삶아 찬물에 씻어 건진다.
* 면은 서로 붙지 않도록 큰 냄비에 삶아 찬물에 비벼 헹군 뒤 체에 건진다.
* 생면은 어느 정도 익고 나서 저어야 끊어지지 않는다.
8 그릇에 7의 국수를 담고 4의 콩물을 부은 뒤 채 썬 오이, 토마토를 얹어 낸다.
9 기호에 따라 소금으로 간한다.

바지락칼국수

재료 자연산 참바지락 350g, 감자칼국수 400g, 양파 ½개, 당근 ¼개, 대파 1뿌리, 어간장 1큰술, 다진 마늘 1작은술, 소금 조금, 멸치다시마맛국물 8~10컵

1 바지락은 소금물에 담가 한 번 더 해감한 뒤 깨끗이 씻어 준비한다.
2 양파, 당근, 대파는 얇게 채 썬다.
3 냄비에 멸치다시마맛국물을 붓고 한소끔 끓인 뒤 2의 채소를 넣어 한 번 더 끓인다.
4 3에 1의 바지락을 넣고 끓인다.
5 4에 칼국수를 넣고 끓인다. 면이 익으면 다진 마늘을 넣고 어간장과 소금으로 간한다.

소고기쌀국수

재료 쌀국수 400g, 숙주 300g, 미나리 잎(또는 고수), 육수 10~12컵
육수 - 한우 등심 300g, 양파 1개, 대파 1뿌리, 마늘 5쪽, 생강 1쪽, 통후추 1작은술, 물 15컵
육수양념 - 청양고추 2개, 액젓 3큰술, 설탕 ⅔큰술
양파초절임 - 양파 2~3개, 설탕 2큰술, 식초 2큰술, 소금 1작은술

1 초절임할 양파는 링으로 얇게 썰어서 설탕, 소금, 식초에 절인다.
2 찬물에 육수 재료를 넣고 고기가 푹 익을 때까지 끓인다.
3 2에서 고기는 건져 식힌 뒤 얇게 썰고, 베 보자기에 거른 국물은 육수양념을 넣고 끓인다.
4 숙주와 미나리 잎은 깨끗이 씻어 손질한다.
5 쌀국수는 찬물에 30분쯤 불린 다음 끓는 물에 살짝 삶아 그릇에 담는다.
6 5에 숙주, 양파초절임, 얇게 썬 소고기를 얹고 뜨거운 육수를 부어 미나리 잎을 올려 낸다.
* 상큼한 맛을 원하면 레몬(또는 유자) 한 조각을 곁들여도 좋다.

순두부국수

재료 순두부 300g, 우리밀흰밀국수 200g, 유정란 2개, 대파 1뿌리, 소금, 현미유
멸치맛국물— 멸치 20마리, 디포리 5개, 다시마(10×20cm) 1장, 물 2ℓ
양념장— 김 2장, 조선간장 2큰술, 고춧가루·볶은 참깨·진간장·참기름 각각 1큰술, 다진 마늘 ½큰술

1 멸치, 디포리는 내장을 빼고 팬에 살짝 볶아 비린내를 없앤다.
2 1과 다시마, 물을 냄비에 넣고 중간 불에서 끓인 뒤 다시마를 건져 낸다.
 불을 줄여 10분쯤 더 끓인 뒤 멸치, 디포리를 걸러 내 맛국물을 만든다.
3 유정란을 풀어 소금간을 약간 해 달군 팬에 현미유를 두르고 지단을 부쳐 채 썬다.
4 2의 맛국물에 순두부와 어슷하게 썬 대파를 넣어 한소끔 끓으면 불을 끈다.
5 끓는 물에 국수를 넣고 물이 끓으면 찬물을 1컵 부으며(2회 반복) 삶아 찬물에 헹군다.
6 그릇에 5의 면과 4를 담고 지단을 올린 뒤 섞어 둔 양념장과 함께 낸다.

비빔국수

재료 우리밀흰밀국수 300g, 콩나물 100g, 채 썬 양상추 100g, 오이 1개, 당근 ½개, 삶은 유정란 1개, 볶은 참깨, 소금
양념장 – 고추장 3큰술, 매실청 2큰술, 식초 2큰술, 고춧가루 1큰술, 볶은 참깨 1큰술, 설탕 1큰술, 진간장 1큰술, 참기름 1큰술, 다진 마늘 ½큰술

1 양념장 재료들을 볼에 넣고 골고루 섞어 고춧가루가 붇고
  양념이 어우러지게 30분간 숙성시킨다.
2 콩나물은 삶아서 찬물에 헹궈 놓고, 오이와 당근은 채 썬다.
3 국수는 끓는 물에 삶아 찬물에 헹궈 물기를 제거한다.
* 국수를 삶을 때 큰 냄비에 물을 넉넉히 붓고, 끓어오를 때마다 찬물을 2~3번 부어 가며
  삶으면 면발이 더 쫄깃하다.
4 3에 삶은 콩나물과 양념장을 넣어 골고루 섞이게끔 가볍게 무친다.
5 4를 그릇에 담고 양상추 채, 오이 채, 당근 채, 삶은 유정란을 올린다.

하얀짬뽕

재료 해물모음 600g, 우리밀생면(또는 쫄면사리) 400g, 양배추 100g, 숙주 70g, 양파 60g, 애호박 60g, 청경채(또는 채심) 50g, 대파(흰 부분만) 1뿌리, 마늘 5쪽, 청양고추 2개, 건고추 1개, 굴소스 1큰술, 소금·후춧가루 조금, 사골곰국(또는 사골고기곰국) 1kg

1 해물모음은 소금물에 씻어 둔다. 양배추는 2×4cm 크기로 썰고, 양파와 애호박은 얄팍하게 썬다. 청양고추, 건고추는 어슷하게 썰고 대파는 채 썬다.
2 냄비에 현미유를 두르고 대파와 마늘, 건고추를 볶는다.
3 2에 1의 해물과 채소, 청경채를 넣고 함께 볶는다.
4 3에 사골곰국을 넣고 끓이다 굴소스, 소금, 후춧가루로 간한다.
5 끓는 물에 우리밀생면을 4~5분 정도 삶은 뒤 그릇에 담는다.
6 5에 숙주를 담고 4의 국물을 붓는다.

명란젓스파게티

재료 명란젓 150g, 스파게티 면(또는 현미쌀국수, 우리밀생면) 300g, 생크림 1½컵, 우유 1컵, 현미유 3큰술, 간 마늘 5~6쪽, 김·소금·실파 조금

1 명란젓은 껍질을 벗기고 알맹이만 빼낸다.
* 명란젓 끝 부분부터 칼등으로 밀어내면 쉽게 알만 빠진다.
2 끓는 물에 현미유와 소금을 넣고 스파게티 면을 삶아 낸다.
  8~10분 정도 알덴테(면을 잘랐을 때 가운데 심이 있는 정도)로 삶는다.
3 마늘은 편으로 썰어서 준비한다.
4 달군 팬에 현미유를 두르고 약한 불에서 마늘을 노릇하게 볶아 향을 낸다.
5 4에 생크림과 우유를 넣고 살짝 끓인 뒤 명란젓을 넣고 약한 불에서 1~2분 끓인다.
* 명란젓만으로도 간이 맞으므로 따로 소금을 넣지 않아도 된다.
* 크림소스는 식으면서 점점 더 걸쭉해지기 때문에 너무 많이 졸이지 않도록 주의한다.
6 5에 스파게티 면을 넣고 좀 더 볶은 뒤, 김과 실파로 장식한다.

명란젓은 자연의 붉은 빛이 돌면서 살이 단단한 것을 고른다. 너무 빨간 것은 착색의 우려가 있으니 잘 살펴보아야 한다. 일주머니가 찢어졌거나 실척거리는 것은 피한다.

깻잎페스토파스타

재료 현미국수(또는 쫄면사리) 400g, 느타리버섯 150g, 간 마늘 4쪽, 깻잎페스토 4큰술, 현미유 조금

1 현미국수는 끓는 물에 5~6분 정도 삶은 뒤 불을 끄고 2~3분간 뚜껑을 닫은 상태로 뜸을 들인다.
2 1의 국수를 찬물에 매끈하게 헹구어 물기를 제거한다.
3 팬에 현미유를 넉넉히 두르고 얇게 저민 마늘과 느타리버섯을 넣어 볶는다.
4 기름에서 마늘 향이 나면 2의 국수를 넣고 볶는다.
5 불을 끈 다음 깻잎페스토를 넣고 버무린다.
6 접시에 담아낸다.

※ 깻잎페스토 만드는 법

재료 깻잎 30장, 잣 8큰술, 현미유 5큰술, 다진 마늘 1큰술, 소금·후춧가루 조금

1 깻잎은 깨끗이 씻어 물기를 제거한 뒤 꼭지를 자르고 4등분하여 준비한다.
2 달군 팬에 잣을 넣고 고소한 맛이 나도록 약한 불에서 2~3분 정도만 볶는다.
3 믹서에 깻잎, 볶은 잣, 현미유, 다진 마늘을 넣고 갈아 소금, 후춧가루로 간한다.
4 소독한 병에 담아서 보관한다.

※ 페스토 활용은 이렇게

페스토는 한 번 만들어 두면 빵을 찍어 먹기도 하고, 다양한 요리에 곁들이기도 하며,
피자 소스로 활용해도 좋다. 미나리, 샐러리, 시금치 등 주변에서 구하기 쉬운 향이 나는 잎채소로도 만들 수
있다. 페스토는 조금씩 만들어서 그때그때 다 먹는 것이 좋으며, 보관할 때는 표면이 공기와 접해
상하거나 마르지 않도록 현미유를 조금 부어 냉장 보관한다. 페스토에 뜨거운 열을 가해서 요리하면
고유의 맛과 향이 사라지니 오래 가열하지 않는 것이 좋다.

콩죽

재료 쌀 1컵, 메주콩 1컵, 잣, 소금 조금, 물 6컵

1 쌀과 메주콩은 물에 담가 반나절 동안 불린다.
2 불린 콩을 냄비에 담고 물을 부어 삶는다. 끓으면 불을 끄고 3~5분 정도 뜸을 들인다.
＊ 콩 삶은 물은 버리지 말고 콩을 믹서에 갈 때 사용하면 더 고소하다.
3 콩이 익으면 손으로 비벼 껍질을 벗긴다.
4 껍질 벗긴 콩을 믹서에 넣고 물 3컵을 부어 곱게 간다.
5 냄비에 불린 쌀을 담고 물 3컵을 부어 쌀알이 퍼지게 가끔 저어 가며 끓인다.
6 5에 4를 붓고 한소끔 더 끓인다.

메주콩으로 밥을 할 때는 물에 담가 불리기보다 소금을 약간 넣은 물에 삶으면 비린내 없이 구수한 콩밥을 만들 수 있다.

잣죽

재료 불린 쌀 1컵, 잣 1컵, 소금 조금, 물 5컵

1 불린 쌀은 물 2컵을 붓고 믹서에 곱게 갈아 고운체에 거른다.
2 잣은 고깔을 떼서 물 2컵을 붓고 믹서에 곱게 갈아 고운체에 거른다.
* 잣을 기름을 두르지 않은 프라이팬에 볶아서 쓰면 더 고소하다.
3 냄비에 1을 넣고 멍울이 지지 않게 나무주걱으로 저어 가며 중간 불에서 끓인다.
4 3이 끓기 시작하면 2를 넣고 남은 물로 믹서를 헹궈 그 물을 넣고 조금 되직하도록 끓인다.

잣은 산성식품이기 때문에 해초나 우유 등 칼슘이 많은 식품과 함께 먹으면 더욱 좋다. 오미자차, 매실차 등 신맛 나는 차에 곁들여 먹으면 향긋한 향을 더욱 풍부하게 느낄 수 있다.

대추죽

재료 찹쌀 1컵, 말린 대추 20~25개, 꿀·소금 조금, 물 6컵

1 찹쌀은 씻어 불린 뒤 믹서에 물 1컵을 넣고 간다.
2 대추는 깨끗이 씻어 씨를 발라내고 대추 살만 냄비에 담아 물 5컵을 붓고 푹 끓인다.
3 2를 믹서에 넣고 곱게 간다.
4 냄비에 1과 3을 함께 넣고 저어 가며 끓인다.
5 먹을 때 기호에 맞게 꿀, 소금으로 간한다.

※ 죽에 곁들이면 좋은 삼색북어보풀이

재료 황태채 50g **기본양념**– 설탕 1작은술, 참기름 ½작은술, 소금 조금
간장보풀이– 설탕 1작은술, 진간장 1작은술, 참기름 1작은술
고춧가루보풀이– 설탕 1작은술, 참기름 1작은술, 고운 고춧가루 ½작은술, 소금 조금

1 황태채는 가위로 적당히 잘라 분쇄기에 넣고 곱게 간다.
2 1의 분쇄한 황태채를 3등분하여 각각의 양념으로 무친다.

바지락죽

재료 쌀 1½컵, 자연산 참바지락 350g, 대파 잎 40g, 표고버섯 1개, 한재미나리 3줄기, 생강 10g, 참기름 2큰술, 청주 2큰술, 소금 조금, 물 10컵

1 쌀은 씻어서 1시간 정도 불린다. 표고버섯과 한재미나리는 다진다.
2 바지락은 소금물에 담가 한 번 더 해감한 뒤 깨끗이 씻어 냄비에 담는다.
  여기에 대파, 생강, 청주, 물을 넣고 뚜껑을 덮어 우르르 끓인다.
3 바지락 껍데기가 벌어지면 바지락을 건져 살만 발라낸다. 국물은 베 보자기로 거른다.
4 냄비에 참기름을 두르고 불린 쌀을 볶다가 쌀알이 말갛게 되면
  3의 국물을 부어 끓인다.
5 4의 쌀알이 푹 퍼지면 다진 표고버섯과 미나리, 3의 바지락 살을 넣고 한소끔 더 끓인다.
6 먹기 전에 소금으로 간한다.

별미요리

게살스프

재료 붉은대게 모듬살 100g, 팽이버섯 150g, 대파 ½뿌리, 유정란흰자 1개, 조선간장 1½큰술, 참기름 1큰술, 소금·현미유·후춧가루 조금, 다시마맛국물 5컵
녹말물– 녹말가루 2큰술, 물 2큰술

1 팽이버섯은 끝을 잘라 낸 뒤 3cm 길이로 썰고, 대파는 3~4cm 길이로 곱게 채 썬다.
2 팬에 현미유를 두르고 대파를 볶아 향을 낸 뒤 다시마맛국물을 넣고 끓인다.
3 2가 끓으면 게살과 팽이버섯을 넣고 끓인다.
4 3에 조선간장을 넣어 국물 색을 내고 소금으로 간한 후 녹말물을 넣어 걸쭉하게 만든다.
5 4에 유정란흰자를 풀어 빙 둘러 붓고 천천히 젓는다.
6 불을 끄고 참기름, 후춧가루를 넣어 향과 맛을 낸 뒤 그릇에 담아낸다.

토마토소스감자뇨끼

재료 감자 250g, 농축토마토 250g, 스파게티소스 180g, 밀가루 150g, 유정란노른자 1개, 소금·후춧가루 조금, 현미유

1 감자는 껍질을 벗긴 뒤 찜통에 쪄서 곱게 으깬다.
2 으깬 감자에 밀가루, 유정란노른자, 소금, 후춧가루를 넣고 반죽한다.
3 2의 반죽을 가래떡처럼 길쭉하게 민 뒤 먹기 좋은 길이로 잘라 포크로 찍어 뇨끼 모양을 만든다.
✽ 도마에 반죽이 붙지 않도록 밀가루를 뿌린 뒤 반죽을 민다.
4 팬에 농축토마토, 스파게티소스를 함께 넣고 끓여 간을 맞춘다.
5 3의 뇨끼를 끓는 물에 삶아 건진 뒤 현미유를 발라 서로 붙지 않게 한다.
6 5의 뇨끼와 4를 버무려 접시에 담아낸다.

메밀전병

재료 메밀가루 2컵, 배추김치 ¼포기, 소금·현미유 조금, 물 2컵

1 메밀가루와 물을 잘 섞어 소금 간을 한다.
2 배추김치는 송송 썰어 볶아 낸다.
3 팬을 약한 불에서 충분히 달궈 현미유를 조금 넣고 종이행주로 닦아 낸다.
4 1을 한 국자씩 팬에 붓고 팬을 돌려 가며 반죽이 얇게 퍼지게 한다.
5 4의 밑면이 익으면 뒤집어서 볶은 김치를 놓고 김밥 말듯이 말아 부쳐 낸다.

감자전

재료 감자 450g, 양파 ½개, 소금·현미유 조금

1 감자는 깨끗이 씻은 뒤 껍질을 벗겨서 강판에 갈아 베 보자기에 넣고 짠다.
2 1에서 걸러진 감자 물을 한동안 그대로 두어 앙금을 가라앉힌다.
3 양파는 겉껍질을 벗겨 강판에 간다.
4 그릇에 1의 감자 건더기와 2의 감자 앙금, 3의 양파 간 것과 소금을 조금 넣어 잘 치댄다.
5 달군 프라이팬에 기름을 두르고 4를 둥글넓적하게 빚어 올린다.
6 감자가 투명하게 익고 앞뒤로 노릇해지면 완성된 것이다.

해물파전

재료 해물모음 300g, 쪽파 2줌, 새우살 100g, 유정란 4개, 부침가루 2컵, 홍고추 1개, 현미유, 물 2컵

1 해물과 새우살은 연한 소금물에 살살 흔들어 씻은 뒤 체에 밭쳐 물기를 뺀다.
2 쪽파는 크게 2등분하여 썰고, 홍고추는 어슷하게 썬다.
3 부침가루와 물을 섞어 멍울이 지지 않도록 잘 푼다.
4 유정란은 알끈을 제거하고 푼다.
5 프라이팬에 기름을 넉넉하게 두르고 달군 뒤 3을 얇게 편다.
6 5에 쪽파를 올린 뒤 해물을 골고루 뿌리듯 얹고 3을 살짝 뿌린다.
7 6에 홍고추를 올리고 4의 달걀물을 골고루 뿌린다.
8 윗부분이 익어 색이 변하면 뒤집어서 익힌다.

누구나 좋아하는

영양 간식

출출해지는 시간,
부담 없이 먹을 수 있는 간식을
준비해 보세요.
아이들도 어른들도
좋아할 거예요.

양배추샌드위치

재료 샌드위치식빵 8장, 양배추 ¼통, 양파 ½개, 유정란 4개,
딸기잼·소금·토마토케첩·현미유·후춧가루 조금

1 양배추와 양파는 얇게 채 썬다.
2 볼에 유정란을 풀어 넣고 1을 섞어 소금과 후춧가루로 간한다.
3 프라이팬에 현미유를 두르고 2를 한 국자씩 올려 앞뒤로 노릇하게 지진다.
4 샌드위치식빵도 프라이팬에 앞뒤로 노릇하게 굽는다.
5 식빵 한쪽에 딸기잼을 바른 뒤 3을 올리고 토마토케첩을 바른 뒤
다른 식빵으로 덮는다.

우리밀과 쌀, 잡곡으로 만든
한살림 빵

우리 땅에서 나고 자란 건강한 우리밀로 만들어 건강은 물론 우리 농업도 지킨다. 베이킹파우더와 유화제, 화학적 첨가물을 사용하지 않아 안심하고 먹을 수 있다.

천연발효종 빵은 통밀과 우리밀로 72시간 발효시켜 만든 천연발효종을 사용한다. 효모뿐 아니라 유산균이 발효 과정에 함께 관여하여 빵 반죽이 잘 부풀어 오르고 젖산, 초산 등의 유기산을 생성하여 소화가 잘되도록 돕는다. 이스트 냄새가 적어 우리밀 본연의 향이 충분히 느껴진다.

루꼴라샌드위치

재료 저온숙성채소빵 1개, 슬라이스햄 5~6장,
체다치즈 100g, 완숙토마토 2개, 루꼴라 30g, 소금, 후춧가루, 현미유
스프레드- 마요네즈 2큰술, 유자청 2큰술

1 체다치즈, 토마토는 1cm 두께로 썬다. 토마토는 소금, 후춧가루로 밑간하고 종이행주 위에 올려 수분을 뺀다.
2 빵은 중간에 칼집을 낸 후 현미유 두른 팬에 살짝 굽는다.
3 구운 빵에 스프레드를 바르고 토마토, 슬라이스햄, 체다치즈, 루꼴라, 빵 순으로 올린다.

화학첨가물 없이 고기 함량 높은
한살림 햄, 소시지

한살림에 공급되는 돼지고기, 닭고기를 원료로 사용한다. 발색제와 방부제 및 화학 합성첨가물을 사용하지 않으며 화학조미료(MSG) 대신 특허받은 천연조미성분으로 맛을 냈다. 결착력을 높이기 위해 사용하는 인산염을 천연칼슘제제로 대체했다. 소시지를 싸고 있는 케이싱은 크게 천연케이싱과 인공케이싱으로 나뉘는데 천연케이싱에는 양장, 돈장이 이용되고 인공케이싱에는 PE필름, 셀로판, 콜라겐 등을 사용한다. 한살림 소시지 케이싱은 콜라겐으로 만든 식용으로, 안전한 원료로 가공해 만들었기 때문에 안심할 수 있다.

감자오믈렛

재료 감자 2개, 양파 1개, 다진 마늘 1큰술, 소금, 현미유, 후춧가루
달걀물 – 유정란 6개, 소금 ½작은술, 후춧가루 ⅛작은술

1 감자는 얄팍하게 썰고, 양파는 얇게 채 썬다.
2 달걀물 재료를 모두 섞어 둔다.
3 팬에 현미유를 두르고 1과 다진 마늘을 넣고 소금, 후춧가루로 간한 다음 감자가 충분히 익도록 볶는다.
4 2의 달걀물에 3을 넣고 고루 섞는다.
5 팬에 현미유를 두르고 4를 부은 뒤, 약한 불에서 뚜껑을 닫고 익힌다.
6 익은 오믈렛을 뒤집어 30초가량 더 익혀 그릇에 담는다.

감자뭉생이

재료 감자 5개, 강낭콩 ½컵, 밤 8톨, 설탕 2큰술, 소금 1작은술

1 감자는 깨끗이 씻은 뒤 껍질을 벗겨서 강판에 갈아 베 보자기에 넣고 짠다.
2 1에서 걸러진 감자 물을 한동안 그대로 두어 앙금을 가라앉힌다.
3 1의 감자 건더기와 2의 감자 앙금을 섞는다.
4 3에 강낭콩과 밤을 넣고 설탕, 소금으로 간하여 버무린다.
5 4를 김이 오른 찜통에 넣고 쪄낸 뒤 네모난 틀에 기름 바른 랩을 깔고 굳혀 썰어 낸다.

웨지감자

재료 감자 500g(4~5개), 소금 1작은술, 허브잎·현미유·후춧가루 조금, 물

1 감자는 껍질을 벗기지 않고 깨끗이 씻어 반달 모양으로 썬다.
2 냄비에 물과 1의 감자를 넣고 속이 ⅔ 정도 익도록 삶는다.
3 2의 감자를 체에 밭쳐 물기를 빼고 소금, 허브잎, 현미유, 후춧가루를 골고루 뿌린다.
4 팬에 3을 노릇하게 익힌다.

당근맛탕

재료 당근 300g(작은 것 2~3개), 현미유 2큰술, 쌀조청 1큰술, 볶은 참깨
조림양념– 설탕 1큰술, 소금 조금, 물 ½컵

1 당근은 1cm 두께로 동글동글 썬 뒤 가장자리를 다듬는다.
2 프라이팬에 현미유를 두르고 1을 넣어 볶는다.
3 2에 조림양념을 넣고 뚜껑을 덮어 당근이 부드러워질 때까지 익힌다.
4 3에 쌀조청을 넣고 반짝거리게 조린 후 볶은 참깨를 뿌린다.

🍃 당근을 구성하는 베타카로틴은 익혀 먹으면 날로 먹을 때보다 2~5배 정도 더 나오기 때문에 익혀 먹는 것이 더 좋다. 껍질째 익혀 먹으면 비타민 섭취에 더욱 좋다.

※ 당근을 오래 보관하려면

- 씻어서 보관할 경우: 습기를 제거한 후 종이행주에 싸서 지퍼백에 넣은 뒤 냉장 보관
- 씻지 않고 보관할 경우: 신문지로 잘 싸서 지퍼백에 넣은 뒤 냉장 보관

* 냉장 보관할 때는 되도록 당근을 세워서 뾰족한 부분이 아래쪽을 향하게 하는 게 좋다.

떡국떡맛탕

재료 떡국떡 300g, 설탕 2큰술, 현미유 ½컵

1 냄비에 차가운 현미유와 떡국떡, 설탕을 함께 담고 끓인다.
2 기름 온도가 올라가면 살살 저어 준다.
3 함께 넣은 설탕이 떡에 잘 달라붙으면 건져 낸다.
4 3을 종이행주 위에 올려놓고 기름을 제거한다.

양파링

재료 양파(큰 것) 2개, 우리밀빵가루 1컵, 유정란 1개, 튀김기름
튀김옷― 튀김가루 1컵, 소금 2작은술, 고춧가루·카레가루 각 ½작은술, 후춧가루 조금
소스― 마요네즈 3큰술, 꿀·식초 각 1작은술, 카레가루 조금

1 양파는 껍질을 벗긴 뒤 1.5cm 두께로 썬다.
2 볼에 분량의 튀김옷 재료를 섞어 1에 묻힌다.
3 유정란은 잘 풀어 둔다.
4 2에 3과 우리밀빵가루 순으로 묻힌다.
5 175℃의 기름에서 2분 정도 노릇하게 튀긴다.
6 섞어 둔 소스와 곁들여 낸다.

동그랑땡롤스틱

재료 동그랑땡 10개, 스파게티소스 180g, 만두피 15장, 밀가루, 현미유

1 동그랑땡은 굵게 다진다.
2 팬에 1과 스파게티소스를 넣고 볶는다.
* 피자치즈를 함께 넣어도 좋다.
3 도마에 밀가루를 바르고 만두피를 밀대로 밀어서 얇고 넓게 준비한다.
4 3에 2를 넣고 돌돌 말아서 기름에 튀겨 낸다.

참다래잼

재료 참다래 1kg, 설탕 500g, 식초(또는 레몬즙) 1큰술

1 참다래는 껍질을 벗기고 잘게 썬다.
2 냄비에 1과 설탕을 넣고 센 불에서 끓인다. 끓어오르면 중간 불로 줄인 뒤 거품을 걷어 내고 주걱으로 저어 가며 끓인다.
3 2의 양이 반으로 줄고 걸쭉해지면 식초를 넣고 잘 저어 불에서 내려 식힌다.

🥄 잼이 뜨거울 때 소독한 병에 넣고 뚜껑을 닫은 뒤 엎어 놓고 식힌다.
그래야 병 안의 공기가 압축되어 개봉할 때 뻥 소리가 난다. 피클이나 병조림도 마찬가지다.

알로에스무디

재료 알로에 200g, 플레인요구르트 1컵,
블루베리(또는 수박, 토마토 등 어울리는 제철 과일) 50g, 쌀조청 2큰술, 얼음 ½컵

1 알로에는 깨끗이 씻어 양옆의 가시를 칼로 잘라 내고 적당한 크기로 썬다.
2 믹서에 1과 플레인요구르트, 블루베리, 쌀조청을 넣고 곱게 간다.
* 간편하게 과일주스와 함께 갈아도 좋다.
3 2에 얼음을 넣고 한 번 더 간다.

🥄 알로에를 생식하는 경우 3cm 내외를 하루 4번 공복에 먹는데, 껍질은 모두 벗기고 속의 젤리질만 섭취한다. 알맹이만 먹을 때는 식전에, 껍질째 먹을 때는 식후에 먹는 것이 좋다.

특별한 날
일품 요리

명절, 소풍, 캠핑 등 특별한 날을
더욱 특별하게 만드는 요리가 있습니다.
가족, 친구, 이웃과 함께 먹으면
더욱 좋은 요리가 있습니다.
만드는 과정에 모두 함께하면
더욱 즐겁습니다.

떡만둣국

재료 떡국떡 800g, 고기만두 15~20개, 유정란 2개, 김 2~3장, 대파 2뿌리, 어간장 1큰술, 소금, 멸치맛국물 10~12컵

1 떡국떡은 찬물에 담가 둔다.
2 유정란은 풀어 놓고, 김은 구워서 잘게 부수고, 대파는 어슷하게 썬다.
* 깔끔한 국물을 원하면 유정란은 지단을 만들어 채 썰어 놓는다.
3 냄비에 멸치맛국물을 끓이다 떡국떡을 넣고 끓어오르면 고기만두를 넣고 끓인다.
4 만두가 익으면 어간장으로 간하고 대파, 유정란을 넣어 끓인다.
5 소금으로 전체 간을 하고 그릇에 담아 김을 올려 낸다.

찐만두

재료 데친 숙주나물 200g, 데친 배추 200g, 돼지분쇄육 150g, 두부 100g, 양파 100g, 미나리(또는 부추) 40g, 만두피, 물
양념 참기름 1½큰술, 다진 마늘 1큰술, 다진 생강 1작은술, 볶은 참깨 1작은술, 설탕 1작은술, 소금·후춧가루 조금

1 데친 숙주나물과 배추는 물기를 꽉 짜서 잘게 썬다. 두부는 칼등으로 자근자근 으깬다.
2 양파는 얇게 채 썬 다음 곱게 다진다.
3 미나리는 굵은 것으로 골라 깨끗이 씻어 준비한 다음 송송 썬다.
4 젖은 베 보자기에 돼지분쇄육, 두부, 숙주나물, 배추, 양파 순으로 올려 놓고 비틀어서 꾹꾹 눌러 가며 물기를 짠다.
5 물기를 제거한 4에 미나리와 양념을 넣고 손등으로 꾹꾹 눌러 가며 끈기가 생길 정도로 충분히 치댄다.
6 만두피 가장자리에 물을 조금 바르고 소를 푸짐하게 넣어 만두를 빚는다.
7 김이 오른 찜통에 쪄 낸다.

대보름 오곡밥

재료 멥쌀 1½컵, 찹쌀 1컵, 검은콩·수수·차조·팥 각각 ¼컵, 소금 1작은술, 밥물(팥 삶은 물+물) 3컵

1 쌀, 수수, 차조는 씻어 물에 담가 불린 후 체에 밭쳐 물기를 뺀다.
2 팥은 깨끗이 씻어 삶는다. 우르르 끓어오르면 첫물은 따라 버리고,
  다시 물을 넉넉하게 붓고 팥알이 뭉그러지지 않게 삶아 건진다. 삶은 물은 받아 놓는다.
3 콩은 2시간 이상 불려서 일어 건져 놓는다.
4 모든 재료를 고루 섞어 밥솥에 안치고, 소금을 넣은 밥물을 붓는다.
  * 밥을 솥에 하지 않고 찜통이나 시루에 쪄도 된다.
  * 밥물은 메밥보다 20% 적게 붓는다.
5 밥이 끓기 시작하면 뜸을 들인 뒤
  고루 섞어서 푼다.

※ **오곡밥이 남으면 이렇게**

오곡밥누룽지

재료 오곡밥 2공기, 보름나물, 피자치즈 1컵

1 오곡밥은 동글납작하게 만들어 달군 팬에 올린 뒤 약한 불에 노릇하게 지져 속이 촉촉한 누룽지로 만든다.
2 1에 피자치즈를 약간 뿌리고 그 위에 보름나물을 얹는다.
3 2에 남은 피자치즈를 올리고 200℃로 예열한 오븐에 넣어 10분 정도 굽는다.
* 오븐이 없으면 바닥이 두꺼운 프라이팬에 넣고 뚜껑을 덮은 채로 중약불에 치즈가 녹을 때까지 굽는다.

보름나물

재료 말린 나물(가지말림, 곤드레나물, 삶은 고사리, 삶은 무시래기, 얼레지나물, 토란줄기말림 등), 들기름, 물(또는 다시마멸치맛국물, 쌀뜨물)
나물양념– 다진 마늘, 볶은 참깨, 조선간장, 들기름
* 나물양념은 삶아서 데친 나물 100g을 기준으로 들기름 ½큰술, 조선간장 2작은술을 각자의 입맛에 맞게 가감한다.

1 말린 나물은 각각 물에 담가 불렸다가 삶아서 다시 물에 헹군다.
2 1을 물기를 꼭 짠 뒤 먹기 좋은 길이로 썬다. 각각 따로 양념하여 맛이 들게 둔다.
3 팬에 들기름을 두르고 양념한 나물을 넣고 볶다가 물을 부어서 푹 무르도록 은근히 졸인다.
4 3에 볶은 참깨를 뿌려 낸다.

※ **묵나물은 이렇게**

1 묵나물을 자박하게 잠길 정도의 물에 담가 불린 뒤 삶아서 다시 불린다
 (아린 맛이나 좋지 않은 맛이 있는 재료는 물을 갈아 가면서 불려야 한다).
2 나물의 물기를 꼭 짠 뒤 밑간한다. 물을 꼭 짜지 않으면 양념을 잘 해도 배어들지 않고 겉돈다.
3 쌀뜨물에 삶으면 묵나물 특유의 군내 등을 잡을 수 있다.

※ **나물 요리는 이렇게**

나물에 간장 양념을 할 때는 조선간장을 사용하는 것이 기본으로, 나물의 구수한 맛을 더한다.
도라지처럼 색을 살려야 하거나 취나물처럼 향을 살리고 싶을 때는 소금 간을 한다.
모든 나물은 양념을 넣고 조물조물 무친 후 한 번 볶아야 양념이 잘 스며든다.
나물을 볶을 때는 소고기육수나 다시마맛국물, 쌀뜨물을 붓는다.
명절 때는 탕국을 자박하게 붓고 볶으면 더 촉촉한 나물을 맛볼 수 있다.
나물을 볶을 때는 들기름을 사용하고, 마지막에 들깻가루를 넣으면 맛이 좋아진다.

※ **고지, 묵나물 직접 만들어 보아요**

날씨가 좀 더 추워지기 전에 갖가지 채소를 말려 보자. 햇빛도 중요하지만 바람이 잘 통해야
잘 마른다. 말린 것은 종이가방에 담아 바람이 통하고 서늘한 곳이나 냉동실에 보관한다.
- **가지말림**: 꼭지부분에서 4~6조각으로 길게 잘라 옷걸이에 걸어 말린다.
 어슷하게 썰어 말리는 것보다 길게 자른 게 식감이 좋다.
- **토란대말림**: 맨손으로 만지면 아릴 수 있으니 고무장갑을 꼭 낀다. 겉껍질을 벗기고
 적당한 크기로 어슷어슷 잘라 말리고, 나물로 먹고 육개장이나 생선조림을 할 때 이용한다.
- **고구마순**: 껍질을 벗기지 않고 끓는 물에 넣은 뒤 30초 정도 뒤적인 다음 건져 내 말린다.
 껍질은 나중에 물에 불려 삶은 뒤 벗기면 쉽게 벗겨진다. 나물로 먹고 생선조림에도 어울린다.
- **애호박고지**: 5mm 정도 두께로 썰어 채반에 널어 말린다. 생호박 대신 된장찌개에 넣거나
 조림을 해도 좋다.

대보름

약식

재료 찹쌀 3컵, 대추 10개, 밤 10톨, 호두 10개, 잣 1큰술, 소금물(물 1½컵+소금 1작은술)
양념 황설탕 100g, 진간장 3큰술, 꿀 2큰술, 참기름 2큰술, 계핏가루 1작은술

1 찹쌀은 씻어 3시간 이상 물에 충분히 불린 뒤 체에 밭쳐 물기를 뺀다.
2 김이 오른 찜통에 젖은 베 보자기를 깔고 1의 찹쌀을 40분 동안 찐다.
* 찌는 동안 세 차례 정도 소금물을 반 컵씩 골고루 뿌린다.
3 대추는 따뜻한 물에 씻은 뒤 돌려 깎아 씨를 뺀 뒤 3~4등분한다.
  밤은 속껍질까지 벗겨 4~6등분한다. 호두는 뜨거운 물에 담갔다가 건진다.
4 스테인리스 볼에 모든 재료와 양념을 넣고 섞은 뒤 2시간 정도 상온에 두어 맛이 배도록 한다.
5 찜통에 4를 담아 40분간 찐다.

'율피'라고 부르는 밤의 속껍질은 약재로 쓰일 만큼 영양이 풍부하다.
하지만 강한 타닌 성분의 떫은 맛 때문에 먹기가 쉽지 않다. 겉껍질 깐 밤을 밥에 넣어 먹거나
조림, 찜 등의 요리에 함께 넣으면 평소 먹기 힘든 껍질 속 영양까지 맛있게 섭취할 수 있다.

부럼또띠아칩

재료 우리밀또띠아 2장, 감말랭이 4개, 대추 4개, 호두 3개, 땅콩 5알, 잣 1작은술, 계핏가루, 꿀, 설탕 조금

1 감말랭이, 대추, 호두, 땅콩, 잣은 굵게 다진다.
2 또띠아에 꿀을 넓게 펴 바른 뒤 설탕을 골고루 뿌린다.
3 1을 2 위에 뿌린다.
4 3을 가위로 8등분하여 180℃의 오븐에 5분 정도 굽는다.
5 4에 기호대로 계핏가루를 뿌린 뒤 식힌다.

초계막국수

재료 닭 1마리, 메밀국수 400g, 양파 1개, 파 1뿌리, 마늘 10쪽, 물 16컵
고명 - 오이 1개, 무 100g, 유정란 2개, 양배추, 적양배추, 설탕 1큰술, 식초 1큰술, 소금 1작은술
깨육수 - 볶은 참깨 4큰술, 식초 4큰술, 잣 4큰술, 설탕 2큰술, 소금 1큰술, 닭육수 8컵

1 깨끗이 씻은 닭은 꽁지, 날개, 비계를 제거하고 찬물에 양파, 파, 마늘과 함께 넣어 30분 정도 삶는다.
2 1의 닭고기는 찢어 놓고, 육수는 베 보자기에 걸러 기름기를 제거한 뒤 차갑게 식힌다.
3 오이는 어슷하게 썰고 무는 납작하게 썰어 설탕, 소금, 식초에 10분간 재워 물기를 꼭 짠다.
4 유정란은 노른자와 흰자를 나누어 지단을 부쳐 가늘게 채 썬다.
5 양배추, 적양배추는 곱게 채 썬다.
6 깨육수 재료를 모두 믹서에 간다.
7 삶은 메밀국수 위에 닭고기와 고명을 올리고 차가운 깨육수를 붓는다.
* 기호에 따라 연겨자를 더해도 좋다.

깻잎전

재료 한우분쇄육(또는 돼지분쇄육) 300g, 대파 ½뿌리, 두부 100g, 당근 ¼개, 깻잎 15장, 유정란 2개, 밀가루 ½컵, 다진 마늘·소금·현미유·후춧가루

1 두부는 젖은 베 보자기에 꼭 짜서 으깨고, 대파와 당근은 곱게 다진다.
2 볼에 1과 고기, 다진 마늘, 소금, 후춧가루를 넣고 충분히 치댄다.
3 유정란을 풀어 달걀물을 만든다.
4 깻잎의 한쪽 면에 밀가루를 가볍게 바른 뒤 툭툭 털어 내고 2의 소를 넣어 납작하게 반으로 접는다.
* 밀가루는 소와 깻잎이 잘 붙게 하기 위한 것으로, 많이 바르면 뻣뻣해져 맛이 없어지므로 가볍게 바른다.
5 4에 밀가루를 묻히고 달걀물에 담갔다가 현미유를 두른 팬에 지진다.
* 약한 불에서 한참 익혀야 속까지 다 익는다.

산적

파산적

재료 파 1뿌리, 한우산적 80g, 참기름·현미유 조금
고기양념– 진간장 2작은술, 다진 마늘·다진 파·볶은 참깨·설탕·참기름 각 1작은술, 후춧가루 조금

1 파는 7cm 길이로 썰어서 참기름에 무친다.
2 소고기는 가로 1cm, 세로 7cm, 두께 0.5cm 크기로 썰고 칼등으로 두들겨서 양념에 재운다.
3 꼬치에 파, 소고기 순으로 꽂고 파가 양쪽 끝으로 오도록 한다.
4 팬에 현미유를 두르고 센 불에서 앞뒤로 구운 뒤 불을 줄여서 소고기를 익힌다.

떡산적

재료 가래떡 100g, 한우산적 80g, 현미유 조금
유장– 참기름 1큰술, 진간장 1작은술
고기양념– 진간장 2작은술, 다진 마늘·다진 파·볶은 참깨·설탕·참기름 각 1작은술, 후춧가루 조금

1 가래떡은 6cm 길이로 썰고 열십자로 4등분하여 유장에 무친다.
* 굳은 떡은 끓는 물에 살짝 친물에 익혀 쓴다.
2 소고기는 가로 1cm, 세로 6cm, 두께 0.5cm 크기로 썰고 칼등으로 두들겨서 양념에 재운다.
3 꼬치에 가래떡, 소고기 순으로 꽂고 가래떡이 양쪽 끝에 오도록 한다.
4 팬에 현미유를 두르고 센 불에서 앞뒤로 구운 뒤 불을 줄여서 소고기를 익힌다.

지짐누름적

재료 한우산적 50g, 당근 50g, 도라지 2대, 파 2뿌리, 표고버섯 1개, 밀가루·소금·유정란·현미유 조금
고기, 표고버섯 양념– 진간장 2작은술, 다진 파, 설탕 각 1작은술, 다진 마늘·볶은 참깨·참기름 각 ½작은술, 후춧가루 조금

1 소고기는 가로 1cm, 세로 6cm, 두께 0.5cm 크기로 썰고 칼등으로 두들겨서 양념에 재운다.
2 당근, 도라지는 소고기와 같은 크기로 썰어서 끓는 물에 소금을 조금 넣고 살짝 데친다.
3 파는 6cm 길이로 썬다.
4 표고버섯은 물에 불려서 소고기와 같은 크기로 썰어 양념한다.
5 꼬치에 준비한 재료를 꽂은 뒤 밀가루를 골고루 묻히고 유정란을 입힌다.
6 팬에 현미유를 두르고 5를 지진 뒤 그릇에 담는다.

모둠전김치찜

재료 모둠전(깻잎전, 동그랑땡, 버섯전, 생선전 등), 김치(묵은지), 다시마맛국물(또는 김칫국물)

1 전은 2×3cm 크기로 썬다.
2 김치는 잎 부분이 넓은 것으로 준비하여 한 장씩 펼쳐 놓고 두 종류의 전을 올려 돌돌 만다.
3 냄비에 2를 넣고 다시마맛국물을 자작하게 부어 끓인다.

삼각주먹밥

재료 밥, 구운 김밥 김, 소금·참기름 조금
명란 소— 명란젓 100g, 마요네즈 1큰술, 다진 파 1작은술, 고춧가루·볶은 참깨 조금
소고기 소— 한우분쇄육 100g, 진간장 2작은술, 다진 마늘·설탕·참기름 각 ½작은술, 후춧가루
우엉 소— 다진 우엉조림 50g, 다진 단무지 50g, 볶은 참깨·주먹밥채소&해물 조금

1 고슬고슬하게 지은 밥을 소금과 참기름으로 밑간한다.
2 명란젓은 칼집을 넣어 속을 파낸 뒤 나머지 소 재료와 섞는다.
3 한우분쇄육은 종이행주로 핏물을 제거하고 나머지 소 재료를 넣어 센 불에서 볶는다.
4 밥그릇에 랩을 깔고 1의 밥을 적당히 펼쳐 놓은 다음, 2나 3을 각각 넣고 랩을 오므려 둥글게 만다.
5 4를 삼각형 모양으로 만든 뒤 랩을 벗긴다.
6 구운 김밥 김을 적당한 크기로 잘라 5에 붙인다.
7 우엉조림과 단무지는 물기를 짜고 나머지 소 재료와 밥을 넣고 함께 섞는다.
8 밥그릇에 랩을 깔고 7의 밥을 적당히 놓은 다음 랩을 오므려 둥글게 만다.
9 8을 삼각형 모양으로 만든 뒤 랩을 벗기고 김을 붙인다.

 # 김밥

재료 밥 4공기, 유정란 3개, 오이 1개,
김밥용 단무지(또는 물에 여러 번 헹군 무장아찌) 8줄, 김밥용 햄(또는 불고기햄) 8줄,
둥근긴어묵 270g, 우엉조림 150g, 붉은대게 다리살 100g, 깻잎 16장, 구운 김밥 김 8장, 소금, 현미유
밥 밑간 – 볶은 참깨, 소금, 참기름 조금
어묵 양념 – 쌀조청 2큰술, 진간장 2큰술

1 밥은 고슬고슬하게 지어 밑간한 뒤 식힌다.
2 유정란은 소금을 넣고 고루 풀어 현미유를 두른 팬에 노릇하고 도톰하게
   지단을 부쳐 단무지 두께로 길게 자른다.
3 오이는 8쪽으로 갈라서 씨 부분을 제거하고 소금에 살짝 절인 뒤 물기를 꼭 짠다.
4 햄은 팬에 굽고, 어묵은 양념에 조린다.
5 김발에 김을 거칠거칠한 부분이 위로 오도록 올린 뒤 1의 밥을 고루 펴 올린다.
6 깻잎 2장을 꼭지를 제거하고 밥 위에 올린다.
7 준비한 모든 재료를 하나씩 올려 돌돌 만다.
8 먹기 좋은 두께로 잘라 그릇에 담는다.

※ 도시락 담는 요령

야외에서 즐기는 도시락은 맛이 변하지 않게 하는 것이 중요하다. 햇빛이 닿는
공간이나 차 트렁크에 보관하는 것은 피하고, 조리한 뒤 담을 때도 주의해야 한다.
1 뜨거운 음식은 먼저 김을 빼고 뚜껑을 닫아야 물기가 생기지 않는다.
2 음식은 완전히 익히고 밥과 반찬은 식힌 후 용기에 따로 담는다.
3 김밥은 밥과 재료를 충분히 식힌 후에 싸는 게 좋다.
4 큰 반찬을 먼저 넣은 뒤 작은 반찬을 넣어야 요리가 뒤섞이지 않는다.
5 소스는 미리 뿌리지 말고 따로 포장해 가 먹기 직전에 뿌린다.

도시락 삼색주먹밥

재료 밥 4공기, 붉은대게 모듬살 100g, 유정란 3개, 주먹밥채소&해물 2~3큰술, 소금·참기름 조금

1 밥의 ⅓에 주먹밥채소&해물과 참기름을 잘 섞은 뒤 둥글게 주먹밥 모양을 만든다.
2 게살의 물기를 빼고 다진다.
3 밥의 ⅓에 2의 게살과 소금, 참기름을 섞어 둥글게 주먹밥 모양을 만든다.
4 유정란을 삶아 노른자만 체에 내린다.
5 밥의 ⅓에 소금, 참기름을 섞어 둥글게 주먹밥 모양을 만든 뒤 체에 내린 노른자 위에 굴린다.

※ 유정란을 삶을 때는 이렇게

- 냉장 보관하던 유정란은 삶기 전에 미리 냉장고에서 꺼내 실온에 20분 정도 놔둔다. 차가운 유정란을 뜨거운 물에 바로 넣으면 온도 차이 때문에 껍질이 깨질 우려가 있다.
- 유정란을 삶을 때는 소금과 식초를 넣는다. 소금은 삼투작용을 일으켜 껍질을 쉽게 까지게 하고, 식초는 유정란이 깨져 내용물이 흘러나와도 빨리 응고되게 한다.

식빵말이

재료 우리밀샌드위치식빵 4장, 땅콩크림 2큰술, 포도잼 2큰술

1 식빵의 가장자리를 잘라 내고 밀대로 얇게 편다.
2 1 위에 땅콩크림이나 포도잼을 절반만 펴 바른다.
3 2를 김밥 말듯이 동그랗게 만다.
4 3을 랩으로 싸서 잠시 두었다가 빵칼로 자른다.

아코디언샌드위치

재료 통밀건강빵 1개, 불고기햄 200g, 딸기 5~6개, 양파 1개, 양상추 3~4장, 오이피클 4개, 체다치즈 100g
소스 – 마요네즈 3큰술, 쌀조청 2큰술, 머스터드 1큰술, 카레가루 조금

1 빵은 바닥 부분이 끊어지지 않도록 끝을 조금 남기고 칼집을 넣는다.
2 햄은 두툼하게 썰어 팬에 굽는다.
3 양상추는 적당한 크기로 찢는다.
4 딸기, 양파, 오이피클, 체다치즈를 적당한 크기로 얇게 저민다.
5 1의 칼집 사이에 소스를 골고루 바른다.
6 준비한 재료들을 소스를 바른 빵 사이에 끼운다.

또띠아랩

재료 또띠아 4장, 씨암탉떡갈비 4개, 쌈양상추(또는 상추, 케일 등 쌈채소) 8장, 딸기(또는 제철 과일, 채소, 버섯 등)
소스 – 마요네즈 3큰술, 쌀조청 2큰술, 머스터드 1큰술, 카레가루 조금

1 또띠아는 팬에서 가장 약한 불에 2~3분간 데운다.
2 씨암탉떡갈비는 팬에 구워 길이로 4등분한다.
3 딸기는 얇게 저민다.
4 1의 또띠아에 쌈양상추를 얹고 씨암탉떡갈비와 딸기를 올린다.
5 4에 소스를 바른 뒤 반으로 접어서 옆으로 감싸듯 만다.

캠핑요리 모둠꼬치구이

재료 삼겹살 200g, 가래떡 200g, 팽이버섯 150g, 새송이버섯 2개, 꼬마소시지 8개, 새우 4마리, 슬라이스햄 6장, 대파 2뿌리, 양파 1개, 방울토마토 4개, 호박 ½개, 가지 ½개, 마늘, 아스파라거스 4대, 꽈리고추 8개, 소금, 후춧가루, 현미유
간장소스 – 진간장 3큰술, 청주 2큰술, 설탕 1큰술, 쌀조청 1큰술, 맛국물 4큰술
고추장소스 – 고추장 2큰술, 다진 마늘 2큰술, 딸기잼 2큰술, 청주 2큰술, 돈가스소스 1큰술, 토마토케첩 1큰술, 후춧가루

1 가래떡과 채소들은 3~4cm 길이로 썰어 소금, 후춧가루, 현미유를 뿌려 재워 둔다.
  삼겹살, 꼬마소시지, 새우도 소금, 후춧가루, 현미유를 뿌려 재워 둔다.
* 재료들을 적당한 크기로 잘라서 지퍼백에 넣고 소금, 후춧가루, 현미유를 뿌린 뒤 지퍼백을 흔들면 양념이 잘 섞인다.

2 슬라이스햄을 반으로 썰어 팽이버섯, 아스파라거스, 꽈리고추를 돌돌 말아 둔다.

3 볼에 각각의 소스 재료를 넣고 양이 ⅔ 정도가 되게 졸인다.
* 꼬치에 소스를 덧바르며 구워도 되고 찍어 먹어도 된다.

4 꼬치에 재료들을 골고루 꽂는다.
* 나무꼬치는 물에 담가 두었다가 사용하면 불에 타는 것을 막을 수 있다.

5 그릴에 불을 피워 숯이 완전히 점화되면 4를 얹어 굽는다.
* 꼬치를 뒤집을 때마다 식초와 물을 1:5의 비율로 섞어서 뿌려 주면 수분이 공급되어 고기가 퍽퍽하지 않고 잡냄새도 제거된다.

파닭꼬치구이

재료 닭가슴살(또는 닭다리순살) 200g, 대파 2뿌리
소스 – 진간장 2큰술, 설탕 1큰술, 청주 1큰술, 후춧가루, 물 3큰술

1 닭고기와 대파를 4cm 길이로 썰어 꼬치에 꽂는다.
2 소스 재료를 모두 섞어 둔다.
3 1에 소스를 바르고 팬이나 석쇠에 올려서 굽는다. 소스를 덧바르며 앞뒤로 굽는다.

오징어통구이

재료 오징어 2마리, 양송이버섯 5개, 옥수수 1개, 가지 ½개, 애호박 ½개, 현미유 4큰술, 카레가루 ½큰술, 소금·후춧가루 조금

1 오징어를 손질하여 몸통은 칼집을 군데군데 내고, 다리는 반으로 자른다.
2 양송이버섯은 껍질을 벗기고, 옥수수는 토막 낸다. 가지, 애호박은 어슷하게 썬다.
3 볼에 1과 2를 넣고 카레가루, 소금, 후춧가루를 고루 뿌리고 현미유를 뿌려 30분 정도 재운다.
4 달군 그릴 팬에 모든 재료를 올려 굽는다.
* 옥수수는 먼저 찐 뒤 구우면 조리 시간이 단축된다.

자연의 재료로 만든 한살림 양념

정리 한살림가공생산연합회

소금

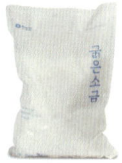

굵은소금
5~9월 생산된 천일염으로 염도가 적당하고 쓴맛 없이 깔끔하다. 젓갈, 장을 담그거나 김치 등 절임용으로 이용하기 좋다.

볶은왕소금
200℃ 정도의 온도에서 40분 정도 볶은 것으로 구이용 고기나 생선, 볶음요리에 이용하기 좋다.

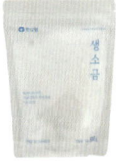

생소금
천일염을 세척하여 곱게 분쇄한 것으로 입자가 곱고 국이나 찌개를 끓일 때 국간장과 함께 이용하면 좋다.

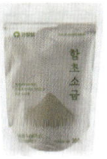

함초소금
함초는 염전 주변에서 자생하는 식물로, 각종 미네랄과 식이섬유가 풍부하다. 볶은 소금에 함초 분말을 더해 만든 것으로 염도가 낮은 편이다.

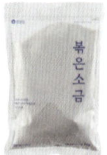

볶은소금
200℃ 정도의 온도에서 40분 정도 볶은 것으로 주로 무침이나 생채에 이용하면 좋다.

죽염
죽염은 소금의 유익성분을 극대화하기 위해 가공된 식품이다. 죽염을 넣은 음식은 색상이 옅은 회색을 띤다. 일반 소금과 같은 양으로 사용한다.

기름

기름은 조금씩 구입해서 개봉 후에는 되도록
빨리 먹는 것이 좋다. 사용한 후에는 꼭 뚜껑을 닫는다.

참기름
국산 참깨만을 사용하여 170~180℃에서 볶아 만든다.

고추씨기름
100% 국산 홍고추씨를 70~100℃로 건조시켜 압착 착유한 것으로 다른 첨가물이나 기름류와 섞지 않아 홍고추의 맛과 향이 진하다.

들기름
국산 들깨만을 사용하여 저온140~150℃에서 볶아 만든다. 직사광선을 피해 서늘한 곳에 보관하는게 좋다.

현미유
국내에서 구할 수 있는 원재료쌀겨로 만드는 식용유로 일반 식용유에 비해 느끼한 맛이 적고 담백하다. 발연점이 높아 다양한 요리에 사용 가능하다.

생들기름
볶거나 스팀에 찌지 않은 국산 생들깨를 분쇄한 후 그대로 압착기에 넣어 기름을 짜내어 고소한 맛과 향이 살아 있다. 가급적 가열하지 않는 요리에 이용하면 좋다.

유기농압착콩기름
러시아에서 NON GMO 콩을 유기 재배하여 압착 방식으로 제조하였다. 각종 튀김, 부침, 구이 등 다양한 요리에 사용 가능하다.

간장

한살림 간장은 첨가물이 없어 골마지가 낄 수 있으니
개봉 후에는 꼭 냉장 보관하는 것이 좋다.

산골간장
무농약 콩과 국산 부재료만으로 숙성하여 제대로 맛을 낸 재래식 국간장이다. 경북 울진의 깨끗한 환경에서 숙성해 깊은 맛을 담은 간장이다.

맛간장
간장과 멸치, 다시마, 가다랑어 등 해산물을 진하게 농축해 만들었다. 다양한 요리에 조미료처럼 사용할 수 있다.

조선간장
100% 국산 햇콩 메주를 충분히 우려내 전통 항아리에서 1년 이상 숙성한 재래식 간장이다.
일반 국간장과 같은 용도로 국이나 찌개, 나물 요리에 사용된다.

진간장
국산 콩과 국산 종국, 우리밀로 생산하여 6개월 이상 자연 숙성했다. 간장의 색이 연해 시중 간장의 절반 정도만 넣어 간을 보며 소량씩 더하며 사용한다.

제주전통어간장
콩간장을 사용하지 않은 수산 발효식품으로 제주산 고등어와 전갱이를 옹기에 숙성해 만들었다.

장류

우리밀고추장 성미
생산자가 직접 만든 찹쌀조청과 메주콩분말을 넣고 우리밀을 섞어 만들어 항아리에서 6개월이상 숙성한 고추장이다. 전통식품 인증을 받은 물품이다.

양념고추장
찹쌀고추장에 고춧가루 등 국산 원재료를 더해 만들었고, 사과농축액을 넣어 부드러운 풍미를 살렸다.

찹쌀고추장 솔뫼
유기재배한 고춧가루로 솔뫼영농조합에서 직접 만든 엿기름을 사용해 8개월 간의 숙성기간을 거쳐 만들었다. 속리산 자락 해발 250m에 위치한 괴산군 청천면에서 깨끗한 자연이 맛을 듬뿍 담아 만들었다.

조선된장
국산 무농약 콩으로 만든 메주에 1년 이상 간수를 뺀 천일염을 넣고 전통항아리에 1년 정도 숙성해 만든다. 좋은 재료로 만들어 된장이 차지고, 깊고 구수한 맛이 일품이다.
다농식품의 조정숙 생산자는 농림축산식품부에서 지정한 대한민국 식품명인 제78호로 전통 된장의 명맥을 이어가고 있다.

초고추장
유기농 고추로 담근 고추장과 고춧가루, 현미식초, 국산 부재료로 새콤달콤하게 만들었다. 배농축액과 사과농축액을 넣어 상큼하고 부드러운 맛과 풍성함을 더했다.

산골된장
국산 무농약 메주콩으로 빚은 메주를 이용해 전통방식으로 정성껏 만들어 경북 울진의 깨끗한 환경에서 1년 이상 숙성해 고향의 맛이 가득 담긴 구수한 된장이다. 국내 유일의 발효식품 전문 시상식인 '2021년 제2회 참발효어워즈 된장부분 대상'을 수상했다.

막장
간장을 빼지 않고 통메주를 그대로 갈아 만든 강원도식 막장으로 재래식 항아리에서 6개월 이상 숙성시켰다. 된장에 비해 색이 짙고 단맛이 있다.

식초

오곡명초
전통 쌀누룩을 띄워 발효제로 땅 속 황토옹기에서 1년 이상 숙성시켜 만든 곡물식초이다. 총산 함량은 5%이다. 전통식품 인증을 받은 물품이다.

유기농현미식초
유기농 현미와 유기농 엿기름으로 만들었고, 현미 특유의 곡물취가 적고, 깔끔한 성상으로 생산된다. 총산 함량은 5% 이상이다.

사과식초
국산 사과를 주정과 과당 없이 발효시켜 만들었다. 총산 함량은 5% 이상 이다.

토마토식초
한살림 유기농 토마토를 원재료로 만들었다. 총산 함량은 6~7%이다.

감귤농축식초
제주 감귤 100% 농축액을 땅 속 항아리에서 2개월 이상 발효해 만들었다. 감귤농축식초는 발사믹식소서럼 점성이 있어 올리브오일 등과 섞어 샐러드용 소스로 사용하면 좋다. 총산도는 5% 이상이다.

감식초
전북 완주에서 유기 재배한 감으로 감에 있는 자연상태의 효모만을 이용해 1년 이상 정성껏 숙성시켰다. 총산도는 2.6% 이상이다. HACCP식품안전관리인증기준 인증 시설에서 생산하며 유기가공식품 인증을 획득했다.

사과농축식초
국산 사과 농축액을 주정과 과당 없이 항아리에서 알코올발효 2개월, 초산발효 2개월 이상의 자연발효를 거친 후 땅속 황토옹기에서 1년 이상 숙성시켜 만들었다. 걸쭉하고 진한 농도를 가진 고농축 식초로, 발사믹 식초와 동일하게 이용할 수 있다. 총산 함량은 5% 이상이다.

단맛재료

아카시아꿀
항생제와 인위적인 농축 과정 없이 생산한 자연 100% 그대로의 아카시아꿀이다. 아카시아꽃이 피기 전에 채밀한 꿀은 사용하지 않기 때문에 색이 맑고 투명하며 고유의 맛과 향이 살아 있다.

야생화꿀
항생제와 인위적인 농축과정 없이 6월초에서 7월 사이 채밀한 야생화꿀이다. 봄부터 초여름까지 여러 종류의 꽃에서 채밀하여 다양한 영양성분이 함유되어 있다.

쌀조청
한살림 유기멥쌀과 유기엿기름을 전통방식 그대로 정성껏 고아 만든 쌀조청이다. 전통식품 인증 받은 물품이다.

배농축액
한살림 참여인증 배를 착즙한 후 저온에서 6~7배 농축하여 배의 맛과 영양을 온전하게 보존했다. 건강하게 단맛을 더할 수 있다.

사과농축액
고급 요리당으로 물엿이나 설탕 대신 사용 가능하고 샐러드드레싱이나 각종 절임, 볶음요리에 사과의 달콤한 향과 영양을 더할 수 있고, 물에 희석해 음료로 즐길 수 있다.

유기쌀올리고당
국산 유기농 쌀을 주원료 만든 이소말토 쌀올리고당이다. HACCP식품안전관리인증기준 인증시설에서 생산하며 유기가공식품 인증을 획득했다.

젓갈

멸치액젓

추자도 근해에서 잡은 젓갈용 멸치를 천일염으로 절여 숙성시켜 고유의 맛과 향이 오래 지속된다.

까나리액젓

국내산 까나리와 국내산 천일염만을 배합하여 12개월 이상 숙성시킨 원액 100%, 순수액젓이다. 색깔이 곱고 맛이 뛰어나며 음식의 감칠맛을 높여준다.

참새우젓

임자도 근해에서 봄, 가을철에 어획한 새우로 배 위에서부터 절인 후 5℃의 전용 저장고에서 4개월 이상 저온 숙성시켜 만든다. 추젓에 속하는 참새우젓은 껍질이 얇아 김치나 찌개용으로 많이 사용된다.

새우육젓

6월에 잡은 새우는 살이 통통하게 올라 있어 새우젓 중에서는 육젓을 최고로 친다. 전남 신안군 임자도 근해에서 6월에 어획하여 배 위에서 바로 절여 4~5개월 이상 숙성시켜 만든다.

양념가루

고춧가루

유기재배한 고추로 일반 고춧가루와 달리 55℃ 이하에서 3~4일 동안 저온 건조하여 자연적인 맛과 향이 그대로 살아있다. 씨를 반만 제거하여 맛이 부드럽다. HACCP 인증시설에서 생산한다.

울금가루

유기농 울금을 깨끗하게 세척한 뒤 동결건조해 가루를 낸 것으로 돼지고기, 생선요리 등에 뿌리면 잡냄새를 없애주고, 물이나 우유, 두유에 타 마셔도 좋다.

* 임산부는 섭취를 금합니다.

들깨가루

국산 들깨를 물에 일어 이물질을 제거 후 볶아 2~3회에 걸쳐 겉껍질을 없앤 후 가루를 냈다.

다시마가루

전남 완도 근해에서 채취한 국내산 다시마를 태양건조해 그대로 가루를 냈다.

참맛가루

남해에서 잡은 멸치, 다시마, 새우와 무농약 표고버섯으로 만든다.

새우가루

해금강 앞바다에서 잡은 싱싱한 새우를 깨끗이 말려 가루를 냈다.

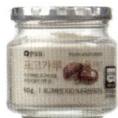

표고가루

유기재배한 표고를 완전 건조하여 가루를 냈다.

해물담은 육수한알

천연재료의 해산물로 이용이 편리하게 만들었다.

소스

국산굴로 만든 굴소스

굴 농축액 함량이 47%로 굴 특유의 향미가 각종 볶음, 조림 요리에 깊고 풍부한 맛을 더해준다.

요구르트샐러드소스

한살림 유기농우유를 발효하고 유자로 상큼한 맛을 더한 발효요구르트 드레싱이다.

간장샐러드소스

한살림 진간장과 식초 등을 사용해 안전하고 감칠맛 나게 만들었다. 각종 요리의 소스 및 드레싱으로 이용한다.

참깨샐러드소스

국산 참깨와 한살림 마요네즈로 만들어 맛이 진하고 고소한 샐러드소스이다.

돈가스소스

토마토, 사과, 양파 등 다양한 과일과 채소로 만들어 달콤 상큼한 맛과 향으로 돈가스의 본연을 맛을 살려주는 소스이다.

스위트칠리소스

아이들도 먹기 편하도록 고춧가루 입자 대신 파프리카를 조각내 사용하였고 새콤달콤한 맛 뒤에 매콤함이 은은하게 퍼지고 다양한 요리에 두루 활용하기 좋다.

타르타르소스

한살림 마요네즈에 오이피클, 양파, 현미사과식초 등을 더해 고소하고 상큼한 맛이 나고 생선가스나 오징어튀김, 새우튀김 등과 잘 어울리는 소스이다.

땅콩크림

버터를 넣지 않고 국산 땅콩을 주원료로 만들었다.

기타양념

마요네즈
유정란과 현미유, 토마토식초를 넣어 만들었다.

농축토마토
유기 재배한 토마토를 갈아서 퓌레로 만든 뒤 진공농축기로 5배 농축하였다.

유기농토마토케찹
유기 재배한 토마토로 식품첨가물 없이 건강하게 만들었다. 유기가공식품 인증을 받은 물품이다.

미온
증류주에 약쑥, 솔잎, 생강 등 약초와 채소류를 침출시켜 정제한 리큐르이다. 음식의 감칠맛과 깊은 풍미를 살려준다.

간편양념
요리 초보부터 고수까지 누구나 맛있는 양념을 소개합니다.

유해성분 없이 요리를 쉽고 빠르게 하는
한살림 조리도구 및 주방용품

전통옹기

황토로 빚어 천연유약을 발라 굽는다.
납성분이 들어 있는 유해한 광명단 등을 사용하지 않으며, 고집스럽게 전통적인 기법만을 재현하여 옹기를 만들고 있다.
자연적인 발효가 이루어져야 제맛을 내는 김치는 물론 고추장, 된장, 간장 등의 보관에 좋다.
옹기류, 뚝배기류, 생활식기류 등 모든 품목을 골고루 공급한다.

옻칠용품

국산 원목을 사용하여 옻칠한 후 세심하게 다듬어 만든다. 옻은 천연도료로 부식을 막는 기능이 있으며, 옻칠 생활용품은 방수, 방충, 방부 효과가 있는 것으로 잘 알려져 있다. 옻칠은 어둡고 습한 곳에서만 마르는 성질이 있어 습한 날씨일수록 더욱 보송해지는 특징이 있다.
오래 사용하다보면 부분적으로 조금씩 마모되고 나무의 본연의 색깔이 나타나는데, 옻칠이 스며들어 있으므로 사용하는 데는 무제가 없다.

무쇠

선철 100%로 만들어 유해물질로부터 안전한 조리도구이다. 가스렌지, 인덕션, 하이라이트, 핫플레이트 등 모든 열원에서 사용할 수 있다. 빠른 열전도와 높은 복사열로 음식 조리시간이 빨라 영양 손실이 적고 바닥이 두꺼워서 밥솥은 물론 여러 가지 탕이나 국을 끓이는 솥으로도 이용하기 좋다. 기름을 흡수하므로 음식을 하면 담백하고 깊은 맛이 나며, 삼겹살 등의 고기를 구울 때도 냄새없이 노릇노릇하게 구워진다.

스테인리스 주방용품

코팅제 걱정 없이 안전하게 쓸 수 있으며, 바닥만 3중인 일반제품과 달리 통3중 스테인리스-알루미늄-스텐인리스으로 만들어 열전도율과 보존율이 좋다. 스테인리스는 녹이 쉽게 생기지 않고 가열해도 중금속이나 유해물질이 생기지 않아 유용하게 쓰인다.
스테인리스 제품은 연마제가 남아 있을 수 있으니 꼭 깨끗하게 세척한 후 사용한다.

유기

유기는 부패균을 살균하여 각종 채소나 생선 등 음식물이 오랫동안 변하지 않고 싱싱함이 유지되며 인체의 해로운 것을 예방 해준다고 한다.

수세미

자연 그대로의 수세미 열매를 가공해 만들어 미세 플라스틱 걱정 없이 설거지할 수 있다. 사용 후 다시 자연으로 돌아가는 자연친화 물품이다.

원목조리도구

통원목을 가공한 친환경 조리기구로 벚나무, 편백나무 등으로 만든 도마, 주걱 등이 있다.

주방용물비누

비누분 및 식물유래 계면활성제를 사용해 분해가 빠르고 인체와 환경에 안전하다

생활자기

백토, 규석, 장석을 태토 등으로 만든 그릇에 유약을 발라 높은 온도에서 만든 자기는 입자가 작고 엉김이 치밀해 흡수성이 없어 음식을 담는 식기로 적당하다.

감귤식초 주방세제

식물성 세정성분을 사용하여 기름 세척력을 보완한 주방용 세제로 상큼한 감귤향이 난다.

스테인리스통

정품 스테인리스로 만든 김치통으로 밀폐력이 강하다.

주방용 살균수

식품 또는 인체에 영향을 줄 수 있는 위해 성분을 최대한 배제한 가정용 식물성 살균소독수이다.

요리 찾기

ㄱ

가자미조림_ 83
가지냉국_ 47
가지말이_ 59
감자꽈리고추조림_ 55
감자뭉생이_ 187
감자오믈렛_ 186
감자전_ 179
게살스프_ 176
고구마찹쌀전_ 111
고추된장무침_ 62
곤드레나물밥과 달래장_ 24
구운뿌리채소샐러드_ 102
굴국밥_ 96
굴무밥_ 95
김밥_ 210
김치콩나물국_ 120
깻잎전_ 205
깻잎페스토파스타_ 170
꼬시래기무침_ 40
꼬치어묵국_ 122
꽁치우거지조림_ 82

ㄴ

냉이바지락볶음_ 29
냉이오징어볼_ 38
녹미연근밥_ 72
녹차밥_ 118
녹차완자탕_ 119

ㄷ

단감고추장장아찌_ 87
단감샐러드_ 81
단호박간장조림_ 56
단호박스프_ 63
닭봉양념튀김_ 153
닭찜_ 154
당근맛탕_ 189
대추죽_ 174
동그랑땡롤스틱_ 192
돼지갈비찜_ 148
두부황태전골_ 124
들깨시래깃국_ 98
떡국떡맛탕_ 190
떡만둣국_ 196

ㄹ

루꼴라샌드위치_ 184

ㅁ

마늘볶음밥_ 115
마늘조림_ 57
마늘종새우볶음_ 32
마른새우아욱국_ 78
맑은대구탕_ 99
매실소스찹쌀탕수육_ 151
메밀전병_ 178
명란젓국조치_ 128
명란젓스파게티_ 169
모둠꼬치구이_ 216
모둠전김치찜_ 208

문어미역초무침_ 108
미역자반_ 136
미트로프_ 147

ㅂ

바지락무침_ 41
바지락배추전골_ 100
바지락죽_ 175
바지락칼국수_ 164
반마른오징어조림_ 131
배생채_ 89
배양파깍두기_ 88
배추전_ 109
버섯밥_ 74
버섯전골_ 76
보름나물_ 200
볶음밥쌈양상추쌈_ 116
봄나물김밥_ 26
봄나물비빔밥_ 25
봄채소튀김_ 37
부럼또띠아칩_ 203
부추잡채_ 51
브로콜리참깨두부무침_ 132
블루베리연두부스무디_ 66
비빔국수_ 167
뿌리채소영양밥_ 94

ㅅ

사과또띠아피자_ 90
산적_ 206
삼각주먹밥_ 209

삼겹살채소찜_ 149
삼색주먹밥+식빵말이_ 212
소고기등심찹스테이크_ 144
소고기배구이_ 146
소고기샤브샤브_ 143
소고기쌀국수_ 165
소고기우엉말이_ 105
쇠미역초무침_ 39
수박과일화채_ 68
수수샐러드_ 80
순두부국수_ 166
순두부찌개_ 126
시금치리소토_ 117
시금치바지라국_ 28
시금치호두나물_ 33
쑥버무리_ 43
쑥전병_ 42

아욱된장수제비_ 79
아코디언샌드위치+또띠아랩_ 214
알로에스무디_ 194
야콘물김치_ 86
약식_ 202
양배추롤_ 161
양배추샌드위치_ 182
양상추채소샐러드_ 137
양파덮밥_ 114
양파링_ 191
양파부추김치_ 60
양파소스연두부_ 138

양파오징어샐러드_ 54
어묵조림_ 130
얼큰소고기뭇국_ 97
연근감자전_ 110
연근토란조림_ 103
오곡밥_ 198
오이감정_ 49
오이갑장과_ 53
오이잡채_ 52
오징어감잣국_ 48
오징어두루치기_ 50
오징어통구이_ 219
우럭찜_ 36
우엉당근조림_ 104
웨지감자_ 188
잎마늘콩가루찜_ 35

잣죽_ 173
잣콩국수_ 162
저염견과류쌈장과 숙쌈_ 46
전어구이_ 84
족발냉채_ 150
주꾸미불고기_ 30
찐만두_ 197

차돌박이숙주볶음_ 145
참다래그린샐러드_ 160
참다래샐러드초밥_ 159
참다래소스를 얹은 닭가슴살구이_ 152

참다래잼_ 193
청경채훈제오리볶음_ 156
청포묵무침_ 133
초계막국수_ 204
충무김밥_ 158
취나물소고기샐러드_ 34

콩나물코다리찜_ 106
콩죽_ 172

토마토냉스프_ 64
토마토소스감자뇨끼_ 177
톳밥_ 75
통마늘오븐구이_ 58

파닭꼬치구이_ 218
파상추무침_ 134
팥양갱_ 112
포도젤리_ 65

ㅎ

하얀짬뽕_ 168
해물파전_ 180
훈제오리오븐구이_ 155

우리 땅 친환경 제철 먹을거리로 만드는
한살림 요리

1판 1쇄 펴낸 날 2015년 11월 10일
   2쇄 펴낸 날 2016년 6월 10일
   3쇄 펴낸 날 2018년 12월 14일
   4쇄 펴낸 날 2022년 9월 5일

지 은 이 채송미
사   진 김재이

펴 낸 이 윤형근
펴 낸 곳 도서출판한살림
책임편집 장순철
편   집 구현지, 김세진
디 자 인 그린다

출판신고 2008년 5월 2일 제2015-000090호
주   소 서울시 강남구 봉은사로81길 15, 6층
전   화 02-6931-3612
팩   스 0505-055-1986
이 메 일 story@hansalim.or.kr

ⓒ 도서출판한살림, 2022

ISBN 978-89-964602-7-5 13590

* 이 책의 무단 복제와 전재를 금합니다.
* 잘못된 책은 구입하신 곳에서 바꾸어 드립니다.
* 책값은 뒤표지에 있습니다.

이 도서의 국립중앙도서관 출판예정도서목록(CIP)은
서지정보유통지원시스템 홈페이지(http://seoji.nl.go.kr)에서
이용하실 수 있습니다(CIP제어번호: CIP2015027794).